Informatik aktuell

Herausgeber: W. Brauer
im Auftrag der Gesellschaft für Informatik (GI)

Peter Holleczek
Birgit Vogel-Heuser (Hrsg.)

Echtzeitaspekte bei der Koordinierung Autonomer Systeme

Fachtagung der GI-Fachgruppe
Echtzeitsysteme und PEARL (EP)
Boppard, 1./2. Dezember 2005

 Springer

Herausgeber

Peter Holleczek
Regionales Rechenzentrum
der Universität Erlangen-Nürnberg
Martensstraße 1, 91058 Erlangen
holleczek@rrze.uni-erlangen.de

Birgit Vogel-Heuser
Bergische Universität Wuppertal
Automatisierungstechnik/Prozessinformatik
Rainer-Gruenter-Str. 21, Geb. FC
42119 Wuppertal
bvogel@uni-wuppertal.de

Bibliographische Information der Deutschen Bibliothek
Die Deutsche Bibliothek verzeichnet diese Publikation in der Deutschen Nationalbibliografie; detaillierte
bibliografische Daten sind im Internet über http://dnb.ddb.de abrufbar.

CR Subject Classification (2001): C.3, D.4.7
ISSN 1431-472-X
ISBN-10 3-540-29594-1 Springer Berlin Heidelberg New York
ISBN-13 978-3-540-29594-5 Springer Berlin Heidelberg New York

Springer Berlin Heidelberg New York
Springer ist ein Unternehmen von Springer Science+Business Media

springer.de

© Springer-Verlag Berlin Heidelberg 2005
Printed in Germany

Satz: Reproduktionsfertige Vorlage vom Autor/Herausgeber
Gedruckt auf säurefreiem Papier   SPIN: 11571681   33/3142-543210

Vorwort

Das Schwerpunktthema des diesjährigen Workshops lautet **Echtzeitaspekte bei der Koordinierung Autonomer Systeme**. Der Begriff der Autonomen Systeme beginnt sich gerade in der Fachwelt zu etablieren. Definitionen sind allerdings noch kaum zu finden.

In IP-Netzen sind autonome Systeme (AS) ein Verbund von Routern und Netzwerken, die einer einzigen administrativen Instanz unterstehen, einer Organisation oder einem Unternehmen. Das bedeutet, dass sie alle zu einer Organisation oder zu einem Unternehmen gehören. Die autonomen Systeme sind untereinander über Core-Gateways verbunden.

Autonomie wird außerdem im Zusammenhang mit Agententechnologie häufig verwendet. In diesem Zusammenhang bedeutet Autonomie die Kontrolle über den internen Zustand und das Verhalten. Das heißt, dass das Verhalten, mit dem ein Agent auf externe Stimuli reagiert, im Wesentlichen durch den Agenten selbst bestimmt wird und nicht von „außen" festlegbar ist.

In der agentenorientierten Softwareentwicklung ist das Konzept des Agenten eine abgrenzbare Softwareeinheit mit einem definierten Ziel. Ein Agent versucht, dieses Ziel durch autonomes Verhalten zu erreichen und interagiert dabei kontinuierlich mit seiner Umgebung und anderen Agenten. Ein entscheidender Unterschied des agentenorientierten Ansatzes zur herkömmlichen Softwareentwicklung ist die Tatsache, dass die Gesamtheit der Systemstruktur und des Systemverhaltens zur Entwurfszeit nicht zwingend vollständig spezifiziert werden muss. Sie bildet sich dynamisch zur Laufzeit auf Basis der aktuellen Situation und erlaubt flexible Interaktionen im Rahmen festgelegter Variationen (Protokolle). An dieser Stelle setzen Themen wie Rekonfiguration oder Optimierung zur Laufzeit an.

Unter dem bewusst breiten Thema „Echtzeitaspekte bei der Koordinierung Autonomer Systeme" wollen wir diesen Themen Raum für Diskussionen geben.

Zu dem Schwerpunktthema des Workshops „Koordinierung Autonomer Systeme" reichen die Beiträge von der Untersuchung des Kommunikationsverhaltens durch aktive Performancemessungen in „Wireless LAN" also drahtlosen Netzwerken über die Entwicklung einer effizienten Ankopplung eines zeitgesteuerten Feldbusses an ein Echtzeitbetriebssysteme bis zu selbst-optimierenden Echtzeitbetriebssystemen und selbst-organisierenden Autonomen Systemen.

Traditionell werden die Anwendungen, Werkzeuge und die Ausbildung in einem eigenen Schwerpunkt diskutiert.

Das Programmkomitee der Fachgruppe ist überzeugt, ein aktuelles und interessantes Programm zusammengestellt zu haben und freut sich, in Gestalt der Reihe Informatik aktuell wieder ein vorzügliches Publikationsmedium zur Verfügung zu haben. Unser besonderer Dank gilt den Firmen Artisan, Phoenix Contact, Siemens, Werum und dem Institut für Rundfunktechnik, die mit ihrer Unterstützung die Herausgabe des Tagungsbandes erst ermöglicht haben.

Wir wünschen den Teilnehmern einen interessanten und intensiven Erfahrungsaustausch.

September 2005

Wuppertal   Erlangen

Birgit Vogel-Heuser   Peter Holleczek

Inhaltsverzeichnis

Koordinierung Autonomer Systeme (1)

Ein selbstoptimierendes Echtzeitbetriebssystem für verteilte selbstoptimierende Systeme

Simon Oberthür, Carsten Böke, Franz Rammig

Heinz Nixdorf Institut, Universität Paderborn, Fürstenallee 11, 33102 Paderborn

Zusammenfassung. Selbstoptimierende mechatronische Systeme passen sich an verändernde Bedingungen zur Laufzeit an. Statische Systemsoftware für eine solche Anwendungsklasse muss für den allgemeinen Fall konfiguriert sein und ist dadurch nicht optimal. Deshalb wurde ein als Multiagentensystem realisiertes selbstoptimierendes RTOS entwickelt, welches sich zur Laufzeit optimal an die sich dynamisch ändernden Anforderungen von selbstoptimierenden Anwendungen anpasst. Hierfür wurden Strategien auf RTOS-Ebene entwickelt, um die Dienstestruktur dynamisch an die Anforderungen der Anwendungen anzupassen. Das System muss dabei starken Echtzeit- und Sicherheitsbedingungen genügen.

1 Einleitung

Steigende Komplexität ist eines der Hauptprobleme von modernen mechatronischen Echtzeitsystemen, wie beispielsweise beim Automobil. Um diese Komplexität zu beherrschen, ist ein Ansatz diese Systeme mit „'Self-X-Eigenschaften'" auszustatten, wie Selbstoptimierung [1], Selbstreflexion bzw. der Fähigkeit der Selbstanpassung. Solche dynamischen Anwendungen stellen besondere Anforderungen und Herausforderungen an unterliegende Hardware/Software-Schichten verteilter Echtzeitsysteme [2].

Für diese Anwendungen wird in dem Teilprojekt C2 des SFB614 „'Selbstoptimierende Systeme des Maschinenbaus'", ein Echtzeit-Betriebssystem (RTOS) für verteilte selbstoptimierende Systeme bereitgestellt. Hierfür wurden grundlegende Konzepte für ein solches selbstoptimierendes RTOS entwickelt. RTOS-Dienste werden auf einem Berechnungsknoten (CPUs bzw. FPGAs) lokal optimiert und Ressourcen dynamisch unter den Anwendungen selbstoptimierend verteilt.

Als Basis für das selbstoptimierende RTOS wurde die konfigurierbare Betriebssystembibliothek DREAMS (Distributed Real-Time Extensible Application Management System) [3] verwendet. DREAMS war in der ursprünglichen Version lediglich offline konfigurierbar. Durch eine Konfigurationsbeschreibung wurden die konfigurierbaren Komponenten der Bibliothek ausgewählt. Nach dem Kompilieren des Betriebssystems waren somit nur die Komponenten und Eigenschaften in der konfigurierten Betriebssysteminstanz enthalten, die von der Anwendung benötigt werden. Techniken zur automatisierten Erzeugung einer solchen Konfigurationsbeschreibung wurden im Rahmen des DFG SPP1040 TEReCS (Tools for Embedded Real-Time Communication Systems) [4] erarbeitet.

TEReCS unterscheidet strikt zwischen Wissen über die Anwendung und Wissen von Experten über das zu konfigurierende Betriebssystem. Informationen über die Anwendungen wurden über eine Anforderungsbeschreibung spezifiziert. Diese Spezifikation beschreibt abstrakt das Verhalten und Bedingungen (Zeitschranken) der Anwendung. Das Verhalten der Anwendung wird durch die verwendeten Systemaufrufe des Betriebssystems beschrieben. Es beschreibt, welche Systemprimitiven zu welchem Zeitpunkt benötigt werden. Zusätzlich werden in der Anforderungsbeschreibung die benötigte Hardware-Plattform und -Topologie spezifiziert.

In einer Wissensbasis wird der zulässige Entwurfsraum des konfigurierbaren Betriebssystems über die Abhängigkeiten der Dienste in einem UND/ODER-Graph vollständig beschrieben. In dieser Domänen-spezifischen Beschreibung des Betriebssystems sind Optionen, Kosten und Randbedingungen spezifiziert und führen so zu einer Überspezifikation, die alternative Implementationsvarianten enthält. Aus der Domänen-spezifischen Beschreibung wurde durch den Konfigurationsprozess mit Hilfe der Anforderungsbeschreibung der Anwendung der Entwurfsraum auf das benötigte Minimum verkleinert. Der Entwurfsraum enthält die gültigen Konfigurationen für die zu generierende Betriebssystem-Laufzeitplattform.

2 Echtzeitbetriebssystem für selbstoptimierende Systeme

Das hier um Selbstoptimierung erweiterte RTOS DREAMS passt sich gegebenen Umständen (variierendes Anwendungsfeld und/oder variierende Anforderungen der Anwendungen) dynamisch an. Hiermit ergibt sich ein System, welches effizient die Verwaltung von selbstoptimierenden Anwendungen unterstützt und entsprechende Dienstleistungen zur Verfügung stellt.

Die Forderung nach Effizienz beinhaltet, dass nur die tatsächlich benötigten Dienste in das Betriebssystem integriert sind. In einem selbstoptimierenden System mit veränderlichen Parametern, Algorithmen oder gar Strukturen ändern sich diese Anforderungen an zu erbringende Dienste aber dynamisch, was bei Beibehaltung der Forderung nach Effizienz eine Dynamik der unterliegenden Dienstestruktur erfordert. Agentensysteme auf hohem Abstraktionsniveau und unter Echtzeit wirkende Reglersysteme haben stark unterschiedliche Anforderungen an ein Echtzeit-Betriebssystem (RTOS). Insbesondere aber die Vorgabe, dass sich Anwendungen selbstoptimierend an die Umgebung anpassen, führt zu stark variierenden Anforderungsprofilen.

Eine dynamische Adaption des RTOS an die Anwendung wird durch eine effiziente Instanziierung des Gesamtsystems, welches mit möglichst geringem Aufwand arbeitet, erreicht. Unterschiedlichste Anforderungen von Anwendungen zu disjunkten Zeitpunkten werden mit minimalen Ressourcen erfüllt. Durch das entwickelte selbstoptimierende RTOS werden nur die Anforderungen erfüllt und somit Dienste geladen, die aktuell benötigt werden.

Um ein dynamisch rekonfigurierbares RTOS aufzubauen, galt es folgende weiterführenden Fragestellungen zu beantworten: Zunächst musste der Entwurfsraum der Rekonfiguration des RTOS modelliert werden, um die Möglichkeiten der Anpassung des Systems an die Anwendungen zu modellieren. Die Rekonfiguration soll stattfinden, wenn sich die Anforderungen der Anwendungen verändern. Deshalb musste eine Schnittstelle zwischen Anwendung und Betriebssystem definiert werden, die den Austausch dieser Informationen ermöglicht. Mit diesen Informationen muss eine zu diesen Anforderungen adäquate Konfiguration des Systems ausgewählt werden, wozu ein Ressourcen-Management-System zu entwickeln war. Das von uns entwickelte

System besteht daher aus den folgenden Modulen: *Profile Framework, Online-TEReCS* und *Flexible Resource Management*.

Insgesamt stellt das RTOS eine Menge konfigurierbarer RTOS-Komponenten zur Verfügung, die durch den Online-Konfigurator *Online-TEReCS* konfiguriert werden. Dieser wird durch Profile gesteuert, die durch ein *Profil-Framework* definiert werden können. Über das Profil-Framework werden auch die durch Deaktivierung von RTOS-Diensten frei gewordenen Ressourcen den Anwendungen zur Verfügung gestellt. Die strategischen Rekonfigurationsentscheidungen werden von dem o.a. flexiblen Ressourcen-Management-System getroffen.

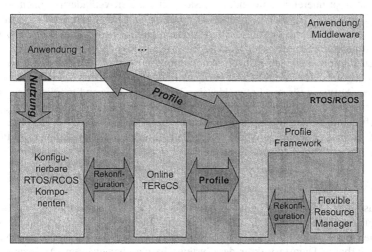

Abb. 1. Überblick selbstoptimierendes RTOS DREAMS

2.1 Profile Framework

Als Eingabe für die Online-Konfiguration des RTOS wird der Bedarf an Ressourcen jeder ausgeführten Anwendung benötigt. Die Systemprimitiven des Betriebssystems werden hierbei ebenfalls als Ressourcen aufgefasst.

Um die benötigten Dienste zur Bereitstellung der Ressourcen rechtzeitig zu instanziieren, ist es zusätzlich notwendig, dass Anwendungen den Bedarf möglichst frühzeitig mitteilen können. Je mehr Informationen das RTOS-System über die Anwendung besitzt, desto optimaler kann es sich auf die Anwendung einstellen. Deshalb ist es wichtig, eine Schnittstelle zur Anwendung zu schaffen, über die diese möglichst einfach zusätzliche Informationen bereitstellen kann.

Als Schnittstelle aus diesen Anforderungen ist ein Profile Framework [5] entwickelt worden. Mit diesem Framework kann eine Menge von Profilen pro Anwendung definiert werden. Je Profil wird eine Implementationsvariante der Anwendung mit einem unterschiedlichen Bedarf an Ressourcen beschrieben. Pro Ressource ist die maximale Belegung der Ressource für jedes Profil angegeben, die die Anwendung benötigt, wenn das Profil aktiviert ist. Jede Allokation von einer Ressource bedarf einer vorherigen Mitteilung an die Ressourcenverwaltung des Systems. Pro Ressource ist die maximale Verzögerung bei einer Allokation durch die Ressourcenverwaltung zu definieren. Zusätzlich muss definiert werden, zwischen welchen Profilen umgeschaltet werden darf bzw. kann. Hierbei wird unterschieden zwischen Profilwechseln, die von der Anwendung bzw. vom Ressourcenmanager initiiert werden. Das bedeutet, dass Anwendungen *On Demand* ihr Profil wechseln können. Um unter harten Echtzeitbedingungen zwischen den Profilen wechseln zu können, muss die Dauer der Rekonfiguration bekannt sein. Deshalb muss die maximale Dauer (WCET, Worst-Case-Execution-Time) bei vom Ressourcenmanager initiierbaren Wechseln zwischen Profilen angegeben werden. Jedes Profil erhält zusätzlich eine Gewichtung, die die Qualität der Implementationsvariante des Profils widerspiegelt.

Da selbstoptimierende Anwendungen sich mit der Zeit verändern können, können Profile dynamisch zur Laufzeit angelegt, entfernt und verändert werden. Der Entwurfs-Prozess von mechatronischen Systemen basiert heutzutage auf dedizierten Entwicklungswerkzeugen wie MATLAB/SIMULINK oder CAMeL-View. Durch Codegeneratoren wird automatisch Programmcode erzeugt. Die Modellierung von Anwendungen auf Basis des Profile Frameworks stellt, neben den Vorteilen, einen zusätzlichen Aufwand für den Entwickler dar. Um diesen Aufwand möglichst gering zu halten, wurde die Erzeugung von Profilen für selbstoptimierende Anwendungen in Entwurfstechniken und Entwurfsmethoden integriert [6]. So wurde ein Verfahren entwickelt, um aus erweiterten hybriden Real-Time Statecharts halb-automatisch Profile für eine Anwendungen zu generieren.

2.2 Online-TEReCS

Auf Basis des Offline-Konfigurators TEReCS wurde eine onlinefähige Version des Konfigurators entworfen [7]. Mit Hilfe dieses Konfigurators können sowohl die Möglichkeiten der Rekonfiguration wie auch die Abhängigkeiten der feingranularen und konfigurierbaren Dienstestruktur des Systems beschrieben werden. Außerdem wird die eigentliche Rekonfiguration über den Konfigurator vorgenommen.

TEReCS wurde ursprünglich für die Offline-Konfiguration von RTOS-Systemen auf Quelltext-Ebene mit feingranularen optionalen Komponenten entworfen. Da eine feingranulare Rekonfiguration zur Laufzeit zu komplex ist, werden nun grobgranulare Strukturen rekonfiguriert. Hierdurch wird der Konfigurationsraum eingeschränkt und somit die Laufzeit für die Online-Auswahl einer Konfiguration minimiert. Die Möglichkeit, in TEReCS auf dem Entwurfsraum eine Hierarchie zu definieren, ermöglichte die Wiederverwendung des Konfigurators. So können auf Sourcecode-Ebene grobgranulare vorkonfigurierte Cluster bzw. RTOS-Agenten (z.B. Systemhierarchie, Speicherverwaltung, Scheduling, Kommunikation, Gerätetreiber, etc.) bereitgestellt werden, die zur Laufzeit ausgewählt werden. Ein RTOS-Agent umfasst dabei eng zusammenhängende Komponenten. Die Ableitungshierarchie sowie Komponenten der Klassenobjekte eines RTOS-Agenten sind hierbei zur Laufzeit statisch, nur die Abhängigkeiten der Aufrufe von Funktionen von Objekten anderer RTOS-Agenten können sich ändern. RTOS-Agenten können in verschiedenen Ausprägungen offline vorkonfiguriert werden. Der RTOS-Agent Systemhierarchie kann beispielsweise einmal mit und einmal ohne Unterstützung von Multi-Threading vorkonfiguriert sein. Im ersten Fall benötigt dieser Agent Funktionalitäten des Agenten Scheduling, im zweiten Fall werden diese Funktionalitäten nicht benötigt.

Jede Abhängigkeit von RTOS-Agenten untereinander wird auf interne Primitiven abgebildet. Diese Primitiven können von anderen RTOS-Agenten verwendet werden. So modellieren auf der höheren Hierarchie-Ebene die alternativen RTOS-Agenten wie im ursprünglichen TEReCS-Ansatz einen UND/ODER-Graphen. Zusätzlich enthält der Graph auch Implementierungsalternativen von Agenten, die unterschiedlichen Ressourcenbedarf haben, z.b. Implementationen in Software und alternativ in rekonfigurierbarer Hardware.

Zur Laufzeit identifiziert der Konfigurator anhand der z. Z.Benötigten Systemprimitiven, welche RTOS-Agenten benötigt werden. Konkret bedeutet dieses, dass die Dienste identifiziert werden, die für die Erfüllung der aktuell benötigten Systemprimitiven gebraucht werden. Hierbei wendet der Online-Konfigurator auf den UND/ODER-Graph der Ebene der RTOS-Agenten den selben Algorithmus an, wie der Offline-Konfigurator auf den UND/ODER-Graph der Menge der feingranularen Komponenten.

Informationen über die aktuell benötigten Systemprimitiven erhält das Online-TEReCS Modul indirekt über die aktivierten Profile der Anwendungen. Zu jedem RTOS-Agenten werden zu den Implementationsvarianten entsprechende Profile angelegt. Somit wird für die RTOS-Agenten ebenfalls – wie für die Anwendungen – pro Variante ein Profil angelegt. Zusätzlich wird pro RTOS-Agent ein Profil (Sperr-Profil) angelegt, in denen die Ressourcen von TEReCS, die von dem aktiven RTOS-Agenten zur Verfügung gestellt würden, als vollständig belegt markiert sind. Dieses Sperr-Profil wird aktiviert, wenn der RTOS-Agent nicht ins laufende System konfiguriert ist und die Ressourcen, die von diesem RTOS-Agenten zur Verfügung gestellt werden, somit nicht für Anwendungen zur Verfügung stehen. Die Aktivierung dieser Profile – und damit die Aktivierung der Rekonfiguration des RTOS – erfolgt durch den Flexible Resource Manager. Hierdurch wird gewährleistet, dass nie ein Profil einer Anwendung aktiviert wird, ohne dass alle benötigten Dienste – und somit durch den Dienst angebotene Ressourcen – zur Verfügung stehen.

2.3 Flexible Resource Manager

Das Hauptziel des Flexible Resource Managers (FRM) [5] ist es allgemein, die Auslastung der Ressourcen zu optimieren und die Qualität des Systems zu steigern. Als Basis verwendet der FRM die Informationen aus den Profilen der Anwendungen und RTOS-Agenten. Durch Deaktivierung und Aktivierung von Profilen einer Anwendung bzw. von RTOS-Agenten nimmt er aktiv Einfluss auf das System. Mit Hilfe der Qualität der Profile und einer Gewichtung der Anwendungen wird eine Qualitätsfunktion des Systems aufgestellt, die der FRM maximiert. Die Komplexität des zugrunde liegenden Optimierungsproblems des Systems ist NP-vollständig, da der Lösungsraum exponentiell zu der Anzahl der Profile wächst. In der ersten Phase wurden daher zwei einfache Optimierungsheuristiken implementiert. Eine Strategie, die nur für kleine Mengen von Profilen anwendbar ist, bestimmt durch eine vollständige Suche die optimale Konfiguration von Profilen und versucht diese zu aktivieren. Die zweite Strategie ist eine einfache Heuristik, die von der aktuellen Konfiguration – durch Aktivierung weniger Profile – eine lokale bessere Konfiguration auswählt.

Ursprünglich war eine Simulation der zu aktivierenden RTOS-Agenten geplant. Da eine komplexe Simulation zu viele Ressourcen verschwendet – und somit nicht den Anwendungen zur Verfügung steht – beschränkt sich der FRM auf eine Simulation des Ressourcenbedarfs mit anschließendem Akzeptanztest. Hierbei wird überprüft, ob alle Echtzeitschranken der Anwendungen bei der Rekonfiguration eingehalten werden können und genügend Ressourcen für die Anwendungen zur Verfügung stehen.

2.4 Überbelegung von Ressourcen

Der FRM optimiert nicht nur die benötigten RTOS-Systemagenten, indem er die von TEReCS bereitgestellten Profile aktiviert bzw. deaktiviert, sondern stellt außerdem zugesicherte, aber zeitweise ungenutzte Ressourcen unter harten Echtzeitbedingungen anderen selbstopimierenden Anwendungen zur Verfügung. Ressourcen können ungenutzt sein, wenn Anwendungen diese für Worst-Case Szenarien anfordern – aber zwischenzeitlich nicht benötigen – oder nur während Rekonfigurationen verwenden.

Durch den FRM wird eine weitere Ebene der Selbstoptimierung ermöglicht. Somit kann nicht nur innerhalb einer Anwendung Selbstoptimierung oder eine speziell vordefinierte hierarchische Selbstoptimierung betrieben werden. Der FRM kann Ressourcen unter den Anwendungen vermitteln und somit die Qualität einer Gruppe von Anwendungen global erhöhen. Ein weiterer Vorteil ist, dass Selbstoptimierung auch zwischen Anwendungen erschlossen wird, zwischen denen keine explizite Abhängigkeit besteht. Durch die Modellierung im Profile Framework wird dies ermöglicht und eröffnet neues Potenzial zur Selbstoptimierung. Das RTOS passt sich somit nicht nur an die selbstoptimierenden Anwendungen an, sondern versucht die Qualität des Systems selbstständig zu optimieren, indem die Ressourcen möglichst so an die Anwendungen verteilt werden, dass die Qualität des Systems gesteigert wird. Als Grundlage für die Optimierung verwendet der FRM die erwähnte Qualitätsfunktion, in die die Qualitätskoeffizienten der Profile und eine Gewichtung der Anwendung eingehen. Liegt die Anwendung als Software-Implementation und als Variante in rekonfigurierbarer Hardware vor, aktiviert der FRM die aktuell qualitativ beste Implementationvariante.

3 Ähnliche Systeme

Eingebettete Betriebssysteme [8], wie z.B. VxWorks [9], QNX [10], PURE [11] oder EPOS [12] haben eine feinkörnige Dienst-Architektur und ermöglichen eine auf die Anwendung angepasste Konfiguration der Dienste, womit sie für Architekturen mit geringen Ressourcen geeignet sind. Jedoch wird das dynamische Verhalten der einzelnen Knoten nicht unterstützt. Außerdem fehlt ein Mechanismus zur transparenten Kooperation zwischen den auf mobilen Knoten laufenden Tasks. Weiterhin sind solche Betriebssysteme nicht reflektorisch und können keine Selbstadaption auf neue Anforderungen der Anwendung oder Änderungen der Umgebung vornehmen.

Einige akademische Betriebssysteme wie etwa Apertos [13] können als reflektorisch bezeichnet werden. Diese reflektorischen (oder rekonfigurierbaren) Betriebssysteme haben die Möglichkeit, ihren aktuellen Zustand zu bewerten und darauf basierend ihre momentane Struktur zu ändern, um sich auf neue Anforderungen der Umgebung oder der Anwendung anzupassen. Ihre Dienste werden durch Objekte implementiert, die mit Meta-Objekten korrespondieren. Die Meta-Objekte analysieren das Objektverhalten und die Anforderungen der Anwendung zur Laufzeit und rekonfigurieren das Betriebssystem, um die Anforderungen besser zu unterstützen. Trotz dieser für das beschriebene Szenario wünschenswerten Eigenschaften haben die existierenden reflektorischen Betriebssysteme einen oder beide der oben erwähnten Nachteile: Sie wurden nicht konzipiert, um alle Charakteristika der beschriebenen Umgebung zu berücksichtigen, und bzw. oder stellen keine Transparenz für verteilte Anwendungen zur Verfügung. Die Adaptive Resource Management (ARM) Middleware [14] stellt ein Optimierungsframework zur Beschreibung von verteilten Echtzeitsystemen für dynamische Umgebungen vor. Dieses Framework basiert ebenfalls auf einem Profil-Modell und modelliert dynamische Veränderungen anhand von Ankunftszeiten, Last- und Dienstgüte. Die Middleware versucht, die Systemauslastung zu maximieren, indem eine gültige und optimale Ressourcenbelegung gesucht wird. Der Übergang zwischen Profilen ist durch atomare Operationen mit konstanter und vernachlässigbarer Umschaltzeit realisiert. Dieser Ansatz ist beispielsweise für Echtzeit-Bildverarbeitung möglich (ein Szenario, in dem ARM eingesetzt wird), indem atomar zwischen Bildverarbeitungsalgorithmen umgeschaltet werden kann. Für selbstoptimierende mechatronische Controller ist dieser Ansatz nicht anwendbar. Zwischen Controller-Algorithmen kann nicht immer atomar rekonfiguriert werden; sie verlangen Überblenden oder können nur zu bestimmten Zeitpunkten atomar umgeschaltet werden.

Der Dynamic QoS Manager (DQM) [15] implementiert ein Quality of Service Level Model für weiche Echtzeitanwendungen. Er ist als Middleware auf einem Gerneral-Purpose-Betriebssystem realisiert. Der DQM optimiert die globale Auslastung, indem er entsprechende QoS Level der Anwendungen aktiviert. Der QoS Level einer Anwendung charakterisiert den Ressourcenbedarf und den Nutzen bei Aktivierung des Levels. Der Ressourcenbedarf wird hierbei durch Messungen zur Laufzeit bestimmt. Dieser Ansatz ist nur für weiche Echtzeitsysteme anwendbar.

4 Zusammenfassung

Dynamische Anwendungen verlangen nach innovativen neuen Dienstestrukturen auf der Ebene des Betriebssystems. Durch die vorgestellten Erweiterungen wurde unser Offline-konfigurierbares Echtzeitbetriebssystem DREAMS zu einem zur Laufzeit selbstoptimierenden Echtzeitbetriebssystem. Dieses deaktiviert ungenutzte Dienste und stellt freigewordene Ressourcen den Anwendungen zur Verfügung. Anhand einer selbstoptimierenden Anwendung und eines rekonfigurierbaren Echzeitkommunikationsagenten wird das System in [16] genauer erläutert.

Literaturverzeichnis

1. Ursula Frank, Holger Giese, Florian Klein, et al.: Selbstoptimierende Systeme des Maschinenbaus – Definitionen und Konzepte., 155 HNI-Verlagsschriftenreihe. Heinz Nixdorf Institut, Universität Paderborn, Paderborn, 2004.
2. Franz Josef Rammig: Autonomic distributed real-time systems: Challenges and solutions. 7th International Symposium on Object-oriented Real-time Distributed Computing, ISORC 2004. IEEE Computer Society, IEEE Computer Society Press, 2004.
3. Carsten Ditze: Towards Operating System Synthesis. Dissertation, Universität Paderborn, Heinz Nixdorf Institut, Entwurf Paralleler Systeme, 2000.
4. Carsten Böke: Automatic Configuration of Real-Time Operating Systems and Real Time Communication Systems for Distributed Embedded Applications. Dissertation, Universität Paderborn, Heinz Nixdorf Institut, Entwurf Paralleler Systeme, 2004.

5. Simon Oberthür, Carsten Böke: Flexible resource management – a framework for self-optimizing real-time systems. Kleinjohann, Bernd, Guang R. Gao, Hermann Kopetz, Lisa Kleinjohann, Achim Rettberg (): Proceedings of IFIP Working Conference on Distributed and Parallel Embedded Systems (DIPES'04). Kluwer Academic Publishers, 23–26 2004.

6. Sven Burmester, Matthias Gehrke, Holger Giese, et al.: Making mechatronic agents resource-aware to enable safe dynamic resource allocation. Fourth ACM International Conference on Embedded Software (EMSOFT'2004), 27–29 2004.

7. Simon Oberthür, Carsten Böke, Björn Griese: Dynamic online reconfiguration for customizable and self-optimizing operating systems. Fifth ACM International Conference on Embedded Software (EMSOFT'2005), 2005. Jersey City, New Jersey.

8. John A. Stankovic, R. Rajkumar: Real-time operating systems. Real-Time Systems, 28 (2–3):237 – 253, Nov 2004.

9. Wind River Systems: Vxworks 5.4 – product overview, June 1999.

10. R. Oakley: QNX microkernel technology: A scalable approach to realtime distributed and embedded system. Proc. of the Embedded Computer Conference (ECC'94), June 1994. http://www.qnx.com.

11. Danilo Beuche, Abdelaziz Guerrouat, Holger Papajewski, et al.: On the development of object-oriented operating systems for deeply embedded systems – the pure project. ECOOP Workshops, 26, 1999.

12. Antônio Augusto Fröhlich, Wolfgang Schröder-Preikschat: Epos: An object-oriented operating system. ECOOP Workshops, 1999.

13. Yasuhiko Yokote: The apertos reflextive operating system: The concept and its implementation. OOPSLA Proceedings, 414–434, 1992.

14. Klaus Ecker, David Juedes, Lonnie Welch, et al.: An optimization framework for dynamic, distributed real-time systems. International Parallel and Distributed Processing Symposium (IPDPS03), 111b, April 2003.

15. Scott Brandt, Gary J. Nutt: Flexible soft real-time processing in middleware. Real-Time Systems, 22(1–2):77–118, 2002.

16. Björn Griese, Simon Oberthür, Mario Porrmann: Component case study of a self-optimizing RCOS/RTOS system: A reconfigurable network service. Proceedings of International Embedded Systems Symposium 2005, Manaos, Brazil, 2005.

Echtzeitaspekte bei der Aufgabenverteilung in selbstorganisierenden autonomen Systemen

Gerhard Fuchs, Falko Dressler

Universität Erlangen-Nürnberg, Lehrstuhl für Rechnernetze
und Kommunikationssysteme (Informatik 7), Martensstr. 3, 91058 Erlangen, Germany

E-mail: {gerhard.fuchs,dressler}@informatik.uni-erlangen.de

Zusammenfassung. Aufgabenverteilung ist eine wichtige Kernaufgabe in selbst-organisierenden autonomen Systemen. Aus den unterschiedlichen Einsatzgebieten derartiger Systeme resultieren verschiedene Anforderungen und Problemstellungen. In diesem Paper werden Echtzeitaspekte betrachtet. Es wird ein Verfahren beschrieben, mit dem die für die Verteilung von Aufgaben benötigte Zeit und die Verweildauer der Aufgaben im System bestimmt werden kann. Der Ansatz beruht darauf, dass ein Koordinator die Verwaltung einer Aufgabe übernimmt. Ihm werden sowohl die Ankunft, als auch der Beginn und das Ende der Ausführung angezeigt. Auf diese Weise können die gesuchten Zeiten durch einfache Subtraktion ermittelt werden. Das Prinzip wurde experimentell und simulativ mit einem auf MURDOCH (lokale Statusverwaltung), bzw. OAA (zentrale Statusverwaltung) basierenden Aufgabenverteilungsmechanismus getestet. Dadurch konnten erste Einblicke in das Echtzeitverhalten bei Koordinierungsfragen in autonomen Systemen gewonnen werden.

1 Einleitung

Selbst-organisierende autonome Systeme wie z.B. Sensornetze und Roboterschwärme setzten sich aus mehreren einzelnen Knoten zusammen, die von außen betrachtet als eine Einheit agieren. Wird eine Aufgabe an ein solches System gestellt, sollen sich die einzelnen Knoten ohne weiteres Zutun koordinieren und diese lösen. Hierbei ist die Aufgabenverteilung, also welcher Knoten was zum Gesamtziel beiträgt, eine wichtige Kernaufgabe. Der hierfür verwendete Mechanismus hat maßgeblichen Einfluss auf die Leistungsfähigkeit des gesamten Systems. Je nach Einsatzgebiet und Anwendung werden unterschiedliche Anforderungen an das System gestellt und es treten verschiedene Problemstellungen (u.a. Energie-, Kommunikations-, Echtzeitaspekte ...) in den Vordergrund.

Ziel des Papers ist die Beschreibung eines Verfahrens, mit dem die für die Verteilung von Aufgaben benötigte Zeit und die Verweildauer der Aufgaben im autonomen System, bestimmt werden kann.

Das nachfolgende Paper gliedert sich wie folgt: In Abschnitt 2 wird die Einbettung der Untersuchungen in unser Forschungsvorhaben und einige Beispiele des Einsatzes von Aufgabenverteilung im Umfeld von mobilen Sensornetzen aufgezeigt. Abschnitt 3 beschreibt zwei exemplarische Aufgabenverteilungsmechanismen. Diese werden mit dem in Abschnitt 4 vorgestellten Verfahren sowohl simulativ, als auch im Experiment untersucht. Die Ergebnisse sind in Abschnitt 5 dargestellt. In Abschnitt 6 werden die gewonnenen Erkenntnisse diskutiert und zusammengefasst.

2 Einbettung in Forschungsvorhaben und related Work

2.1 ROSES

Die primären Forschungsziele der Autonomic Networking Gruppe des Lehrstuhls für Rechnernetze und Kommunikationssysteme sind das Entwickeln und Beherrschen von selbst-konfigurierenden, selbst-organisierenden und adaptiven Methoden für Kommunikationssysteme und interagierende autonome Systeme. Unter diesen Gesichtspunkten wird im Rahmen des ROSES-Projekts (Robot assisted Sensor Networks) eine Kombination aus mobilen Robotern und stationären Sensornetzen untersucht. Wir unterscheiden zwischen Sensornetzwerk unterstützten Roboterschwärmen, d.h., dass die Roboter das Sensornetzwerk z.b. zur präziseren Lokalisierung verwenden [3] und Roboter unterstützten Sensornetzen, d.h., dass die mobilen Roboter das Sensornetzwerk z.b. rekonfigurieren [4].

Unsere Gruppe forscht u.a. an der Optimierung der Aufgabenverteilung in derartigen Systemen. Neben Energiebetrachtungen [2] ist das Echtzeitverhalten, im Speziellen das Einhalten von Zeitschranken, ein wichtiger Aspekt.

2.2 Related Work

[5] gibt einen Überblick zu existierenden Aufgabenverteilungsmechanismen in Multi-Roboter-Systemen, klassifiziert und bewertet sie bezüglich ihrer Komplexität. Echtzeitfähige Verteilungsmechanismen in diesen Systemen werden z.B. in [1, 8] beschrieben. Ein Beispiel für Aufgabenverteilung in Sensornetzen ist [9], für mobile Sensornetze [6].

3 Eigenschaften der Aufgabenverteilungsmechanismen

3.1 MURDOCH

Der in Abb. 1 gezeigte Mechanismus ist an MURDOCH [5] angelehnt. Der Koordinator verwaltet keine Statusinformationen und weiß demnach nicht, welche Roboter sich in seiner Umgebung befinden. Die einzelnen Roboter können anhand von lokalen Profilen (P) beurteilen, wie gut sie eine Aufgabe ausführen können. Die Aufgaben werden nach dem FIFO-Prinzip verteilt.

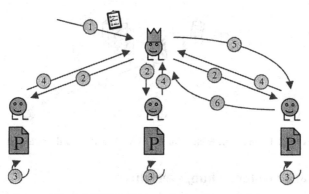

Abb. 1. MURDOCH, verteilte Profilverwaltung

1. Ankunft der zu lösenden Aufgabe beim Koordinator; die Aufgabe wird in eine Warteschlange abgelegt.
2. Ist die Aufgabe an der Reihe, wird sie per Broadcast an alle erreichbaren Roboter weitergeleitet (**task announcement**).
3. Die Roboter berechnen anhand ihrer Profile (P) lokal ihre Fitness (**metric evaluation**).
4. Können die Roboter die Aufgabe ausführen, geben sie ein ihrer Fitness entsprechendes Gebot ab (**bid submission**).
5. Der Koordinator ermittelt nach Ablauf einer festen Auktionszeit den Gewinner, also den Roboter, der die höchste Fitness geboten hat (**close of auction**) und benachrichtigt diesen. Hat die Auktion keinen Gewinner hervorgebracht, wird sie wiederholt (2).
6. Der Gewinner startet die Aufgabe und benachrichtigt den Koordinator über den Start und das Ende der Ausführung.

3.2 Open Agent Architecture (OAA)

Der in Abb. 2 beschriebene Mechanismus ist an [7] angelehnt. Der Koordinator verwaltet Statusinformationen, d.h. er erfragt und verwaltet die Profile der einzelnen Roboter zentral. Weiterhin weiß er Bescheid, welche Roboter gerade Aufgaben ausführen können. Um diese Informationen aktuell zu halten, ist ein zusätzlicher Koordinations- und somit Kommunikationsaufwand nötig. Die Aufgaben werden nach dem FIFO-Prinzip verteilt.

1. Ankunft der zu lösenden Aufgabe beim Koordinator.
2. Der Koordinator ermittelt anhand der ihm vorliegenden Profile den für die Lösung der Aufgabe am besten geeigneten Roboter.
3. Dem ausgewählten Roboter wird die Aufgabe übertragen.
4. Er startet die Ausführung und zeigt dies dem Koordinator an. Außerdem meldet er das Ende, so dass nur freie Roboter vom Koordinator berücksichtigt werden.

Abb. 2. Open Agent Architecture (OAA), zentrale Profilverwaltung

4 Quantitative Untersuchungsverfahren

4.1 Prinzip der Zeitmessung

Das Prinzip der Zeitmessung wird in Abb. 3 gezeigt: Ein Aufgabengenerator wählt aus einer endlichen Menge verschiedene Aufgaben aus und schickt eine Anfrage an den Koordinator (A). Mit Hilfe des Aufgabenverteilungsmechanismus wird aus den vorhandenen Robotern der am besten geeignetste ausgewählt und die Anfrage an diesen weitergeleitet (C). Der Roboter startet die Aufgabe und meldet dies dem Koordinator (F). Das Ende der Ausführung wird ebenfalls dem Koordinator mitgeteilt (G). Da alle Zeitmessungen an einem einzigen Knoten erfolgen, kann auf eine Synchronisation der Uhren im System verzichtet werden.

Definitionen:

- Aufgabenverteilzeit T_{AV} Zeit zwischen (B) und (D)
- Verweildauer T_V Zeit zwischen (B) und (E)
- Anfrageabstand T_{ANF} Zeit zwischen (A) und (H)
- Ausführungszeit T_{EX} Zeit zwischen (F) und (G)

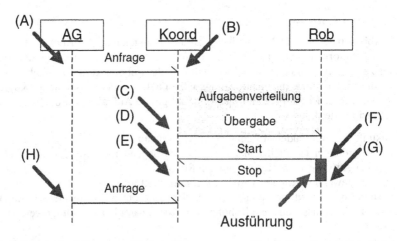

Abb. 3. Prinzip der Zeitmessung (AG: Aufgabengenerator; Koord: Koordinator; Rob: Roboter)

Eine Anfrage des Aufgabengenerators setzt sich aus einem Aufgabennamen x und einer maximalen Ausführzeit T_{MAX} zusammen. Auf den Robotern befinden sich jeweils ein Profil $P(X) \rightarrow [0,1]$, das jedem x einen Wert zwischen 0 und 1 zuordnet, der aussagt, wie gut die Aufgabe gelöst werden kann (0 ist schlecht, 1 ist gut). Bekommt ein Roboter eine Aufgabe zugeteilt, ist er für die Zeit $T_{EX} = T_{MAX} * (1-P(X))$ blockiert und kann keine weiteren Aufgaben ausführen.

4.2 Experimentelle Umsetzung

Bei der experimentellen Umsetzung laufen der Aufgabengenerator und der Koordinator auf einem handelsüblichen PC. Als Roboter kommen 3 Robertino-Plattformen zum Einsatz. Es existieren 10 verschiedene Aufgaben aus denen bei den Anfragen der Reihe nach ausgewählt wird. Die Profile sind zufällig gewählt.

4.3 Simulationsmodell

Das Simulationsmodell ist mit AnyLogic erstellt. Es werden 100 Roboter simuliert. Um zu verhindern, dass die Ausführungszeiten bei den Robotern zu 0 wird (bei 100 Robotern sehr wahrscheinlich), gilt für die Profile $P(X) \rightarrow [0,0.9]$. Es existieren 10 verschiedene Aufgaben, aus denen bei den Anfragen zufällig ausgewählt wird. Die Profile sind zufällig gewählt.

5 Messergebnisse

5.1 Experimentelle Untersuchung

Bei der experimentellen Messung wurden die Parameter so gewählt, dass das mit OAA arbeitende System gut ausgelastet, das mit MURDOCH arbeitende leicht überlastet ist. Dementsprechend steigt bei MURDOCH die gegen die Sequenznummer (Reihenfolge beim Aufgabeneingang) aufgetragene Aufgabenverteilzeit tendenziell leicht an, während sie bei OAA auf nahezu gleichem Niveau bleibt (Abb. 4). Abb. 5 zeigt die nach Aufgabentyp sortierte durchschnittliche Verweildauer der Aufgaben im System. Sie ist bei MURDOCH deutlich höher als bei OAA. Das Ergebnis kann mit der Simulation verifiziert werden.

5.2 Simulation

Bei der Simulation wurden die beiden Systeme einmal unter mittlerer und einmal unter extremer Belastung getestet. Beim 1. Simulationsexperiment entspricht die Aufgabenverteilzeit der Zeit, die die Mechanismen für die Auswahl brauchen. OAA bestimmt den Sieger sofort, MURDOCH erst nach einer Sekunde Auktion (Abb. 6). Die durchschnittliche Verweildauer der einzelnen Aufgaben im System unterscheidet sich ebenfalls genau um diese Zeitspanne (Abb. 7), d.h., bei OAA ist sie um eine Sekunde kürzer als bei MURDOCH.

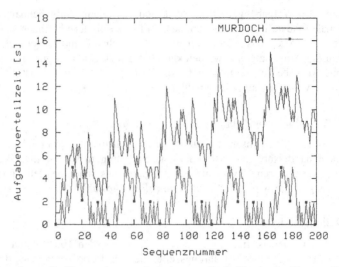

Abb. 4. Experimentelle Untersuchung – Aufgabenverteilzeit (T_{ANF} = 2s; T_{MAX} = 11s; Anzahl der Anfragen = 200; Auktionszeit von Murdoch = 1s)

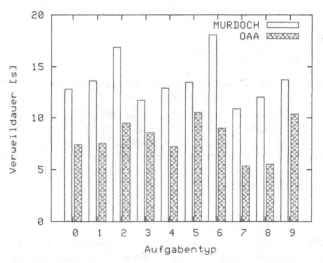

Abb. 5. Experimentelle Untersuchung – Verweildauer der Aufgaben im System (T_{ANF} = 2s; T_{MAX} = 11s; Anzahl der Anfragen = 200; Auktionszeit von Murdoch = 1s)

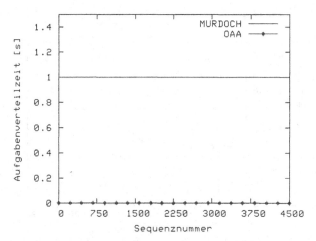

Abb. 6. Simulation – Aufgabenverteilzeit (T_{ANF} = 2s; T_{MAX} ϵ [100, 900] – für jede Anfrage zufällig ausgewählt; Anzahl der Anfragen = 4500; Auktionszeit von Murdoch = 1s)

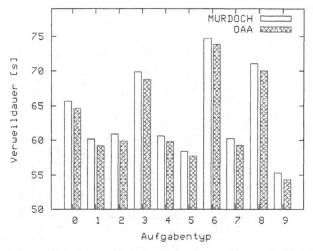

Abb. 7. Simulation – Verweildauer der Aufgaben im System (T_{ANF} = 2s; T_{MAX} ϵ [100, 900] – für jede Anfrage zufällig ausgewählt; Anzahl der Anfragen = 4500; Auktionszeit von Murdoch = 1s)

Beim 2. Simulationsexperiment wurde die Auktionszeit von MURDOCH verlängert. Hierdurch haben mehrere Knoten die Möglichkeit, sich an der Auktion zu beteiligen. Das System ist nach ca. 1000s überlastet, d.h. alle Knoten sind mit Aufgaben belegt und die Anfragen werden in eine Warteschlange eingefügt. Die Aufgabenverteilzeit steigt bei beiden Systemen ab diesem Punkt linear an, jedoch bei OAA steiler. Vor der Überlastung ist das gleiche Verhalten wie beim Simulationsexperiment 1 zu beobachten (Abb. 8). Die durchschnittliche Verweildauer der einzelnen Aufgaben im System ist bei OAA höher als bei MURDOCH (Abb. 9).

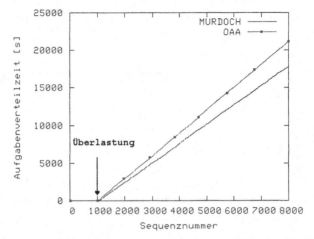

Abb. 8. Simulation – Aufgabenverteilzeit (T_{ANF} = 2,2s; T_{MAX} = 600s; Anzahl der Anfragen = 8000; Auktionszeit von Murdoch = 2s)

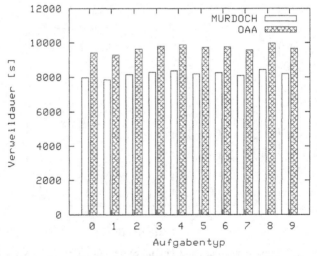

Abb. 9. Simulation – Verweildauer der Aufgaben im System (T_{ANF} = 2,2s; T_{MAX} = 600s; Anzahl der Anfragen = 8000; Auktionszeit von Murdoch = 2s)

6 Diskussion und Zusammenfassung

Mit dem hier vorgestellten quantitativen Untersuchungsverfahren ist es möglich, die zur Aufgabenverteilung benötigte Zeit und die Verweilzeit von Aufgaben in autonomen Systemen zu bestimmen. Dadurch dass ein Koordinator eine Aufgabe verwaltet, können an einem einzigen Knoten alle wichtigen Zeiten gemessen werden. Für diese Methode müssen die Uhren der einzelnen Knoten im System also nicht unbedingt synchron laufen.

Dieses Untersuchungsverfahren wurde experimentell und simulativ angewendet, um einen auf OAA (zentrale Statusverwaltung) und einen auf MURDOCH (lokale Statusverwaltung) basierenden Mechanismus im Zeitverhalten zu verglichen. Vom Prinzip her sind beide Mechanismen gleich. Ein Koordinator wählt aus einer Menge freier Knoten den für eine Aufgabe am besten geeignetsten aus und übergibt diesem die Aufgabe. Der Unterschied liegt darin, dass bei OAA ein zentraler Status des Gesamtsystems geführt wird. Somit kann ohne langwierige Auktion ein freier Knoten ausgewählt werden. Der Vorteil von MURDOCH liegt darin, dass nicht der erst beste Knoten zur Lösung der Aufgabe verwendet, sondern eine sorgfältigere Auswahl getroffen wird. Hierdurch können vor allem in Überlastsituationen bessere Ergebnisse erzielt werden.

Zusammenfassend gesagt, konnten wir erste Einblicke in das Echtzeitverhalten bei Koordinierungsfragen in autonomen Systemen gewinnen.

Literaturverzeichnis

1. M. Berhault, M. G. Lagoudakis, P. Keskinocak, A. J. Kleywegt, and S. Koenig, „Auctions with Performance Guarantees for Multi-Robot Task Allocation," Proceedings of IEEE/RSJ International Conference on Intelligent Robots and Systems, Sendai, Japan, September 28 – October 2 2004.

2. F. Dressler and G. Fuchs, „Energy-aware Operation and Task Allocation of Autonomous Robots," Proceedings of 5th IEEE International Workshop on Robot Motion and Control (IEEE RoMoCo'05), Dymaczewo, Poland, June 2005, pp. 163–168.

3. F. Dressler, „Sensor-Based Localization-Assistance for Mobile Nodes," Proceedings of 4. GI/ITG KuVS Fachgespräch Drahtlose Sensornetze, Zurich, Switzerland, March 2005, pp. 102–106.

4. G. Fuchs, S. Truchat, and F. Dressler, „Profilbasierte Rekonfiguration kleiner Endgeräte – Roboter unterstützte Sensornetzwerke," Proceedings of 2. GI/ITG KuVS Fachgespräch Ortsbezogene Anwendungen und Dienste, Stuttgart, Germany, June 2005, pp. 50–53.

5. B. P. Gerkey, „On Multi-Robot Task Allocation," Faculty of the Graduate School, University of southern California, 2003.

6. K. H. Low, W. K. Leow, and M. H. Ang, „Autonomic Mobile Sensor Network with Self-Coordinated Task Allocation and Execution," IEEE Transactions on Systems, Man, and Cypernetics--Part C: Applications and Reviews, 2005 (accepted for pubilcation).

7. D. Martin, A. Cheyer, and D. Moran, „The Open Agent Architecture: a framework for building distributed software systems," Applied Artificial Intelligence, vol. 13, pp. 91–128, 1999.

8. S. Sariel and T. Balch, „Real Time Auction Based Allocation of Tasks for Multi-Robot Exploration Problem in Dynamic Environments," Proceedings of The Twentieth National Conference on Artificial Intelligence (AAAI), Integrating Planning into Scheduling Workshop, Pittsburgh, Pennsylvania, July 2005.

9. M. Younis, K. Akkaya, and A. Kunjithapatham, „Optimization of Task Allocation in a Cluster-Based Sensor Network," Proceedings of 8th IEEE International Symposium on Computers and Communications, Kemer-Antalya, Turkey, June 2003, pp. 329–340.

Steuerung eines Roboters über unzuverlässige WLAN Verbindungen

Demonstration einer Netzbasierten Fernsteuerung mit der Java 2 Micro Edition

Andreas Jabs, Stefan Lankes, Thomas Bemmerl

Lehrstuhl für Betriebssysteme, RWTH Aachen, Kopernikusstr. 16, 52056 Aachen, Germany

E-mail: {jabs, lankes, thomas}@lfbs.rwth-aachen.de

Zusammenfassung. Mit eingebetteten Systemen ist es möglich, komplexe Steuerungs- und Fernwirkungsaufgaben mit Standard-Hardware durchzuführen. Ist jedoch eine direkte Kontrolle, also eine Fernsteuerung über ein drahtloses Netz gewünscht, bietet dieses lediglich eine unzuverlässige Verbindung an. Dies bedeutet, dass durch einen Ausfall der Verbindung ein Kontrollverlust über das ferngesteuerte System verursacht werden kann. Wir stellen eine Plattform basiert auf Java 2 Micro Edition vor, mit der es möglich ist, Kontroll- und Messaufgaben auf einem System durchzuführen, welches über eine unzuverlässige Verbindung in einem TCP/IP-basierten Netz verbunden ist. Die Eignung und Leistungsfähigkeit der Plattform wird durch Implementierung einer auf ihr basierenden Robotersteuerung unter Beweis gestellt. Das von uns entwickelte System ist flexibel implementiert und ist daher leicht anpassbar an andere Aufgaben mit ähnlichen Anforderungen.

1 Einleitung

Mobile und eingebettete Systeme haben inzwischen eine Leistungsklasse erreicht, die noch vor wenigen Jahren Desktopsystemen vorbehalten war. Dabei wird bei diesen mobilen Geräten eine Vielzahl verschiedener Hardwarearchitekturen und Betriebssysteme eingesetzt. Dies rührt zum einen vom Konkurrenzbestreben verschiedener Anbieter her, und zum anderen von den verschiedenen Anforderungsprofilen, die diese Geräte erfüllen, vom industriellen Steuerrechner bis zum tragbaren Routenplaner. Die Vielfältigkeit der Plattformen erschwert jedoch die Unterstützung der verschiedenen Systeme. Die Vision, die dem Projekt zugrunde lag, war, dass auch komplexe Systeme mit nahezu jedem Computer mittels eines Browser-Plugins oder Java Applets steuerbar sind. Damit kann mit vergleichsweise günstigen Standard-Hardwarekomponenten eine komplexe Steuerung realisiert werden. Die meisten auf dem Markt befindlichen eingebetteten Geräte verfügen über eine Netzwerkschnittstelle und eine Java Virtual Machine (JVM), wobei häufig eine Betriebsmittel schonende Version derselben eingesetzt wird, die unter der Bezeichnung Java 2 Micro Edition[JVM] bekannt ist. Mit diesen Fähigkeiten und der stetig gewachsenen Prozessorleistung eignen sich moderne mobile und eingebettete Geräte auch zur Realisierung von komplexen Funktionen.

2 Vorstellung des Projekts

In diesem Beitrag wird eine adaptive Fernsteuerung eines mobilen Roboters über ein eingebettetes System vorgestellt. Diese Robotersteuerung demonstriert die Anwendbarkeit des Systems auf Steuerungsaufgaben mit Echtzeitanforderungen. Der Roboter kann durch ein Java-Applet in einem Browser gesteuert werden, und ist dadurch von jedem Browser mit Java-Plugin oder anderem Endgerät mit Java-Fähigkeit aus steuerbar. Dabei kann die Verbindung zum Roboter über eine drahtlose Netzwerkverbindung, d.h. über eine unzuverlässige Verbindung mit vergleichsweise hohem Paketverlust und hohen, schwankenden Latenzen betrieben werden. Die Steuerung wird überwacht, so dass der Roboter jederzeit in einen sicheren Zustand gebracht wird, sollte ein Problem auftreten.

Die im Rahmen dieses Projekts erstellte Plattform ermöglicht es, Datenquellen auf dem Roboter auszulesen. Das System übermittelt periodisch Positions- und Sensordaten des Roboters zum Client. Des Weiteren wird eine Bildübertragung vom Roboter unterstützt, wobei Bilder der auf dem Roboter montierten Webcam beim Nutzer dargestellt werden.

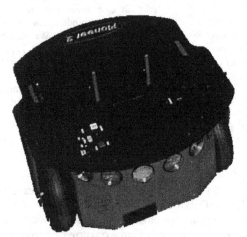

Abb. 1. Der verwendete Roboter

Der Client kann weiterhin – nach Autorisierung – dem Roboter Steuerbefehle senden, welche dieser dann ausführt. Dabei überwacht der Server auf dem Roboter die Antwortzeiten der Netzwerkverbindung und regelt die Periode, mit der die Daten gesendet werden. Ebenso wird die maximal zulässige Geschwindigkeit des Roboters in Abhängigkeit von der Antwortzeit der Verbindung begrenzt. Da eine Rückmeldung auf der Netzwerkschicht wie etwa in [2] vorgestellt aus Kompatibilitätsgründen nicht eingesetzt werden kann, wurde zu diesem Zweck ein Überwachungssystem entworfen und implementiert, in dem verschiedene Abstufungen von Echtzeitkriterien definiert werden. Diese Abstufungen werden zur Verwaltung von Clients genutzt. Die aktuell vom Server gemessene Verbindungsqualität zu einem Client beeinflusst dessen Klassifizierung, diese wiederum bestimmt die Datenrate für die einzelnen Dienste des Clients und die Annahme von weiteren Clientverbindungen durch den Server.

3 Vergleich mit anderen Projekten

Es existieren verschiedene Methoden, welche eine Fernwirkung auf einem anderen Rechner über das Internet erlauben. Zunächst besteht die Möglichkeit, direkt über Sockets eine Verbindung aufzubauen und den Datenaustausch mit einem eigenen Protokoll zu bewerkstelligen. Solche Systeme sind spezialisiert für den einen Zweck, für den sie entworfen wurden und meist schwer portierbar für andere Zwecke. Andere Projekte versuchen, mithilfe von Verteilungsplattformen Abstraktionen zu schaffen, welche es ermöglichen, beliebige Funktionsaufrufe entfernt durchzuführen, wobei der gesamte Programmcode, welcher die Kommunikation über das Netz durchf"uhrt, oft automatisch generiert wird. Die meisten Ansätze stellen dabei sicher, dass die Übertragung fehlerfrei stattfindet, jedoch ohne eine Zeitbedingung zu überprüfen. RPCs sind die ältesten Vertreter dieser Technik, sie ermöglichen den Aufruf von Funktionen auf einem anderen Rechner, welcher über ein TCP/IP Netz verbunden ist[1]. Andere Vertreter der Gattung der Verteilungsplattformen sind RMI, CORBA[4] oder DCOM[5].

Generell gilt, dass die bei diesen Ansätzen erstrebte Universalität einen erhöhten Aufwand verglichen mit direkter Implementierung zur Folge hat, welcher jedoch durch reduzierte Entwicklungszeit und Testaufwand ausgeglichen werden kann. Die Unterstützung für solche Verteilungsplattformen auf eingebetteten Systemen und innerhalb von Browsern ist begrenzt, es existiert für die Java 2 Micro Edition eine Spezifikation, welche die Klassen für RMI enthält, jedoch ist dies für das Browser-Plugin nicht zutreffend.

Weiterhin gibt es bei diesen Plattformen bisher nur beschränkt Möglichkeiten, ein Zeitlimit für die Datenübertragung zu vereinbaren. Durch die diesen Plattformen gemeine Abstraktion, das Verbergen der Kommunikation vor dem Programmierer, gibt es für diesen wenig Möglichkeiten, auf die Übertragung Einfluss zu nehmen. Solche Funktionalität existiert beispielsweise bei RealTime-CORBA[6], einer Erweiterung des CORBA-Standards. Auch hierzu existieren Implementierungen,welche auf eingebetteten Systemen lauffähig sind und erfolgreich eingesetzt werden, beispielsweise wäre unter anderem ROFES[7,8] zu nennen. Jedoch ist für eine echtzeitfähige Verbindung, beziehungsweise für eine Verbindung, bei der Zeitlimits definierbar sind, eine entsprechende Gegenseite vonnöten, welche mit einem browserbasierten Applet nicht vorausgesetzt werden kann.

Wünschenswert wäre eine Plattform, welche mit gemeinhin verfügbarer Funktionalität, das heißt, einer in den Browser eingebetteten Virtual Machine nach der Java2 Spezifikation, die periodische Übertragung von Daten und gesicherte Vermittlung von Steuerbefehlen innerhalb einer bestimmten Zeit über Standardnetze ermöglicht. Die Grundlagen für eine solche Plattform sollen in diesem hier vorgestellten Projekt geschaffen werde.

4 Die verwendete Hardware-Plattform

Als Roboterplattform wurde der Activmedia Pioneer 2DX verwendet, ein dreirädriger Roboter mit zwei getrennt angetriebenen Rädern (siehe Abb. 1). Das Bewegungsmodell des Roboters kann durch Translationen und Rotationen um dieMittelachse beschrieben werden.

Als Rechner wird ein Kontron (vormals Jumptec) MoPSlcd6 mit Pentium Prozessor in der PC104 Bauform verwendet. Die Verbindung zum Roboter wird über eine RS232 Schnittstelle hergestellt, welche vom Mikrocontroller des Roboters überwacht wird, um sicherzustellen dass der Rechner noch aktiv ist. Als Netzwerkschnittstelle wird eine PCMCIA WLAN-adapter basierend auf dem Orinoco-Chipsatz eingesetzt. Als Webcam wurde das Modell PCVC740K von Philips verwendet, welches über USB angeschlossen ist.

Für den Betrieb der Java Virtual Machine wird ein 32 Bit Mikroprozessor, ein Betriebssystem mit Speicherverwaltung und etwa 1 Megabyte an freiem Speicher benötigt. Als Betriebssystem wurde GNU/Linux verwendet, dazu wurde am Lehrstuhl aufbauend aufLinux From Scratch eine Speicher sparende Plattform zusammengestellt. Das System sollte daher leicht auf verschiedene Rechnerarchitekturen portierbar sein.

5 Design der Steuerung

Ziel des Projekts war eine Steuerung von Einheiten über unzuverlässige Netze. Prinzipiell erfordert die Steuerung eines beweglichen Objekts ein System mit Echtzeitfähigkeit. Jederzeit muss bestimmt sein, ob das zu steuernde Objekt die Befehle erhält, und dass die Befehle innerhalb einer bestimmten Zeit beim Empfänger ankommen und ausgeführt werden. Jedoch bedingt eine drahtlose oder unzuverlässige Netzwerkverbindung nicht vernachlässigbare, variable Übertragungsverzögerungen, welche ein deterministisches Erfassen des Verhaltens der Steuerung erschweren.

Die involvierten Zeitkonstanten schwanken abhängig vom verwendeten Netz und der lokalen Empfangsqualität des drahtlosen Netzes. Sie hängen weiterhin auch in einem geringeren Maße von der Leistung der verwendeten Rechner ab. Des Weiteren verursacht die Unzuverlässigkeit des verwendeten Netzes Abbrüche der Verbindung, welche darin resultieren, dass das zu steuernde Objekt nicht mehr kontrollierbar ist. Für diesen Fall muss die Verbindungsqualität, beziehungsweise das Fortbestehen der Verbindung ständig überprüft werden, und im Falle des Verbindungsabbruchs das System in einen sicheren Zustand gebracht werden.

Da die auftretenden Verzögerungen systeminhärent sind, wurde auf eine Implementierung auf einer Echtzeitplattform verzichtet und zugunsten der Portierbarkeit und der Bedienbarkeit von einem Browser aus in Java implementiert. Die Client-Seite der Steuerung ist durch die Anforderung der Einbettung in einen Browser schon auf Java festgelegt, dadurch, dass der Server ebenfalls in Java implementiert wird, ist der Code leicht portierbar und kann wieder verwendet werden, was die Komplexität des Systems verringert. Es existiert zwar eine Spezifikation für Echtzeit-Java[9], diese verlangt jedoch für konsistente Leistung weiterhin ein darunter liegendes Echtzeitbetriebssystem. Des weiteren sind Implementierungen dieser Spezifikation noch teuer und aufwenige Betriebssysteme und Plattformen beschränkt. Eine weitgehend portable Laufzeitumgebung für Java auf Systemen mit beschränkten Ressourcen besteht mit der Java 2 Micro Edition, welche im Folgenden näher beschrieben wird.

5.1 Java 2 Micro Edition

Innerhalb des so genannten Java Community Process wurde eine reduzierte Java Plattform für Geräte mit beschränkter Prozessorleistung und Speicherplatz definiert. Die Spezifikation hat zum Ziel, auf den heterogenen Hardwareplattformen, die im eingebetteten und mobilen Bereich anzutreffen sind, einen einheitliche Schnittstelle anzubieten. Die Hardwareunabhängigkeit, welche ein Hauptvorteil der Java-Plattform ist, wird im Allgemeinen durch geringe Ausführungsgeschwindigkeit und erhöhten Speicherplatzverbrauch durch die Virtual Machine erkauft. Ein Java-Programm benötigt im Vergleich zu einem für das Betriebssystem programmierten neben den eventuell für den Betrieb benötigten Bibliotheken noch die Laufzeit-Bibliotheken der Virtual Machine und die Virtual Machine selber. Weiterhin ist durch die Abstraktionsebene zwischen der Definition der Virtual Machine und der zugrunde liegenden Hardwareplattform ein Overhead bedingt, welcher durch moderne Techniken wie JIT (Just in Time-Kompilierung) jedoch gemindert wird.

Die Java 2 Micro Edition behebt zumindest den Nachteil des fehlenden Speicherplatzes, indem durch Verzicht auf selten benötigte und aufwändige Features und Funktionen die Größe der Virtual Machine auf ein Maß reduziert wurde, welches auf einem eingebetteten System zu beherrschen ist (etwa 1 MB insgesamt). Aus den Klassenbibliotheken wurden Pakete entfernt, welche selten oder überhaupt nicht auf eingebetteten Systemen Verwendung finden, beispielsweise Datenbankzugriffsmethoden, RMI-und CORBA-Kompatibilität und Unterstützung für Transaktionen. Die graphischen Schnittstellen wurden ersetzt durch Pakete, welche den kleineren LCD-Displays der mobilen Geräte angepasst sind.

Innerhalb der Java 2 Micro Edition existieren zwei verschiedene Konfiguration, die CLDC[2], welche für Kleinstgeräte wie Mobiltelefone eingesetzt wird, und die CDC[1]. Die einzelnen Konfigurationen können durch so genannte Profiles selektiv um Fähigkeiten erweitert werden, welche den Einsparungen zum Opfer gefallen sind. Beispielsweise definiert das Personal Profile unter anderem eine Unterstützung von RMI und Reflection, welche in der CLDC-Spezifikation nicht enthalten sind. Verwendet wurde die Referenzimplementierung der CDC von Java, die cvm, mit den Basisklassen des Personal Profile. Als einzige hardwareabhängige Komponente des Systems ist die Bilderfassung zu nennen. Die Schnittstelle zum Steuern der Kamera des Roboter wurde in C programmiert und mit Hilfe des Java Native Interface (JNI) angesprochen. Das Java Native Interface ermöglicht es, aus der Laufzeitumgebung der Virtual Machine heraus auf eine direkt auf dem Betriebssystem laufende Bibliothek zuzugreifen. Die Unterstützung von JNI in der Virtual Machine ermöglicht damit auch die Ansteuerung von Hardware, welche keine Repräsentation in den Klassen der Virtual Machine findet.

5.2 Implementierte Dienste

An der Robotersteuerung wurden mehrere Dienste implementiert, um das Verhalten der Steuerung abhängig vom Kommunikationsmuster der Dienste analysieren zu können. Im aktuellen Projekt sind folgende Dienste getrennt voneinander implementiert:

– Sonardaten des Roboters – Abstandsmessungen der 16 Sonare
– Kamerabild – ein Bild der auf dem Roboter montierten Webcam

- Statusinformationen wie Batteriespannung, Position und Geschwindigkeit
- Steuerdienst – die Schnittstelle, über welche der Roboter Befehle vom Nutzer entgegennimmt.

Dabei können die verschiedenen Dienste anhand ihrer Charakteristika unterschieden werden. Zum Einen gibt es Werte mit geringem Einfluss auf die Steuereigenschaften des Roboters, wie den Batteriestand. Dann gibt es zeitlich wichtigere Größen, welche jedoch verlusttolerant sind, wie Daten über die Lage und generelle Orientierung des Roboters. Dieser Dienst ist für die Steuerung wichtig, einzelne verlorene Pakete werden jedoch durch die nachfolgenden leicht ersetzt, da sich die Werte dort nur kontinuierlich ändern und Zwischenwerte interpolierbar sind. Die Sonardaten lassen sich ebenfalls zu dieser Klasse zählen, obschon bei diesem Dienst ein Verlust von zeitlicher Auflösung direkt zu einem Verlust räumlicher Informationen führt, da z.B. Daten aus einer Drehung nicht mehr nachzuvollziehen sind. Die Sonardaten sind weiterhin beeinträchtigt durch Fremdeinflüsse durch mobile, mit Sonar schwer zu detektierende Hindernisse wie Menschen, deren Beine besonders in Bewegung dem Sonar eine geringe Fläche bieten. Weiterhin existieren Dienste, welche zeitlich korrekt abgearbeitet werden müssen und bei denen Paketverlust im Netz zu einer kritischen Beeinträchtigung führt, wie etwa die Befehlsdaten.

Die Einordnung der Dienste in derartige Klassen ist abhängig von dem jeweiligen zu steuernden Objekt, mit der Robotersteuerung wurden versucht, ein breites Spektrum an möglichen Fällen abzudecken. Datendienste und Steuerdienste sind als abstrakte Klassen implementiert, so dass andere Dienste sich leicht hinzufügen lassen. Zu jedem Dienst ist die Priorität und die gewünschte Periode im Rahmen der Leistungsfähigkeit des Steuerrechnersfrei definierbar. Werden die Dienste über jeweils getrennte Verbindungen übermittelt, so beeinflussen sie sich gegenseitig weniger, und es ist sichergestellt, dass höher priorisierte Verbindungen schneller abgefertigt werden, da nicht auf dieÜbermittlung von Paketen anderer Dienste gewartet werden muss. Als zugrunde liegendes Protokoll kann TCP oder UDP verwendet werden, wobei TCP die Steuerung von der Aufgabe der Verbindungsverwaltung befreit. Diese kann im Netzwerktreiber des Betriebssystems effizienter erfolgen als innerhalb der Virtual Machine. UDP ermöglicht der Steuerung hingegen, auf die Senderate Einfluss zu nehmen, indem Dienste mit großen Nachrichten und demzufolge großen Paketanzahlen pro Nachricht weniger lawinenartig als vielmehr gleichmäßig gedrosselt ihre Nachrichten übermitteln.

6 Sicherheitsvorkehrungen

Da die Verbindung zum Roboter einen hohen Paketverlust aufweisen kann, muss überwacht werden, ob und in welcher Qualität das System steuerbar ist. Eine Überwachung der gesendeten Pakete stellt fest, ob die Pakete ankommen und wie lange sie unterwegs sind. Zu diesem Zweck melden sich die Clients über einen Überwachungsdienst bei der Robotersteuerung an. Dieser Überwachungsdienst fordert in regelmäßigen Abständen von den einzelnen Clients Antworten auf eine Anfrage an. Die Zeit bis zum Eintreffen dieser Antwort wird als allgemeine Antwortzeit der jeweiligen Verbindung betrachtet, und dient dazu, die Qualität der Verbindung zu beurteilen. Der Roboter nimmt nur Verbindungen von Clients entgegen, welche sich beim Überwachungsdienst angemeldet haben.

Die Messung der Antwortzeit über das Netz garantiert allein nicht Güte der Verbindung, die aktuelle Lastsituation beeinflusst den Durchsatz und die Antwortzeit der Verbindung. Außerdem wird durch externe Faktoren eine Änderung der Empfangs- und damit der Verbindungssituation verursacht. Durch die kontinuierliche Messung bei allen Lastzuständen wird eine Verschlechterung der Verbindung jedoch rasch erfasst. Problematisch bei der Beurteilung der Netzwerkverbindung ist, dass ein verlorenes Paket zunächst als verspätete Antwort gewertet wird. Die Abschätzung der Verbindungsqualität wird dadurch jedoch höchstens negativ beeinflusst, so dass mit der Antwortzeit eine obere Grenze der Netzwerkqualität bekannt ist, mithilfe derer sich Totzeiten bis zum erzwungenen Abbruch der Verbindung bestimmen lassen.

Zur Verwaltung der einzelnen Verbindungen und ihrer jeweiligen Güte werden die mit dem Server verbundenen Clients in Klassen eingeteilt, denen maximale Antwortzeiten zugeordnet sind. Sollte ein Client nicht innerhalb der Antwortzeit seiner Klasse antworten, wird er eine Klasse herab gestuft und empfängt dann Daten mit niedrigerer Frequenz. Erfüllt ein Client hingegen für einen bestimmten Zeitraum die Kriterien der höheren Klasse, wird er in diese befördert und erhält häufiger Daten.

Prinzipiell wäre für kontinuierlich aufgenommene Daten eine Regelung des Abtastintervalls auf einen optimalen Wert möglich. Mit einer kontinuierlichen Regelung der Datenrate in Abhängigkeit der Verbindungsqualität wäre eine optimale Ausnutzung der Netzverbindung möglich. Bei der Robotersteuerung wurde hingegen das Stufenmodell gewählt, da die Daten periodisch vorliegen und die Prozessorzeit des Steuerrechners reduziert werden sollte. Auf diese Weise beeinflussensich verschiedene Clients nicht, da sie nicht um das Auslesen der Datenquellen konkurrieren müssen. Dies ist speziell beim Auslesen des Kamerabilds von Bedeutung. Die Daten werden mit der Periode des besten Clients ausgelesen, alle anderen Clients werden mit einem ganzzahligen Vielfachen der Periode aktualisiert.

Weiterhin wird entsprechend der aktuellen Antwortzeiten die maximal zulässige Geschwindigkeit des Roboters begrenzt, so dass unabhängig von der aktuellen Verbindungsqualität immer garantiert ist, dass der Roboter innerhalb eines definierten Bereichs zum stehen kommt. Wird die Verbindung zu schlecht, so wird der Roboter in einen sicheren Zustand gebracht, indem alle Motoren gestoppt werden und keine weiteren Befehle angenommen werden. Erst nach einem erfolgreichen Neuaufbau der Verbindung und ihrer erneuten Einmessung ist der Roboter wieder steuerbar.

Ein Passwort schützt den Roboter vor unbefugter Benutzung. Der Passwortschutz arbeitet mit einem Challenge-Response Verfahren und ermöglicht es, verschiedenen Nutzern unterschiedliche Rechte zuzuweisen. Die Möglichkeit, Befehle an den Roboter zu senden ist exklusiv, um Konflikte zwischen Befehlen verschiedener Nutzer zu vermeiden.

7 Bereitstellung der Dienste

Die Bereitstellung des Dienstes erfolgt über einen auf dem Roboter laufenden Webserver, welcher den Clients ermöglicht, die Verbindung mit dem Roboter aufzunehmen und die jeweiligen Java-Klassen des Steuerungsapplets herunterzuladen. Der Roboter verbindet sich standardmäßig mit jedem verfügbaren WLAN, und versucht, sich über einen dynamischen DNS-Dienst anzumelden. Der Roboter öffnet außerdem Ports für die Kommunikation der Daten- und Steuerungsdienste, welche ebenfallsüber den DNS erreichbar sind. Mit einem eigens für das System installierten WLAN und damit kontrolliertem Zugang zu diesem Netz kann die Zuverlässigkeit der Steuerung bedeutend verbessert werden. Ein solches System ist vom Ansatz her vergleichbar mit proprietären Systemen zur funkgebundenen Fernsteuerung, welche auf ein eigenes Netz aufbauen. Naturgemäß ist die Leistung solcher Systeme höher als die des hier vorgestellten, jedoch zeichnet sich das vorgestellte System durch eine hohe Flexibilität bei niedrigen Kosten aus.

8 Messungen und Beurteilung

Das System wurde in verschiedenen Netzen getestet. Dabei wurde das Verhalten in drahtgebundenen Netzen, welche kaum unter Paketverlust leiden, ebenso getestet wie in einem öffentlichen WLAN. Auffällig sind Eigenarten der cvm im Vergleich mit der Standard Virtual Machine des JDK, von der sie abgeleitet ist. Das Verhalten beim Erzeugen von Threads und dem Löschen nicht benötigter Referenzen (Garbage Collection) unterschiedet sich leicht in Geschwindigkeit und zeitlicher Abfolge. Es konnte weiterhin beobachtet werden, dass das in der Java-Welt übliche „gedankenlose" Umgehen mit Konstruktoren durchaus zu substantiellen Problemen führen kann, wenn die Rechenleistung begrenzt ist. Speziell ein in der ersten Version der Steuerung vorkommendes häufiges Erstellen und Zerstören eines Threads konnte durch Wiederverwendung des gleichen Threads minimiert werden, die Leistung der betroffenen Codestellen wurde dadurch verbessert. Natürlich sind solche sprachunabhängigen Optimierungen nicht spezifisch für Java, jedoch sind sie dort nicht weniger effektiv.

Messungen an der Robotersteuerung zeigen, dass die Übertragung von Daten zuverlässig funktioniert. In Abb. 2 zeigt eine Überwachung des Datenaufkommens für die Sonardaten des Roboters, wie der Client nach Paketverlusten in eine schlechtere Klasse degradiert wird, dann jedoch wieder mit hoher Datenrate versorgt wird. Die Datenrate bei normaler Verbindung beträgt etwa $160 Bytes/s$, bei reduzierter Rate etwa $80 Bytes/s$.

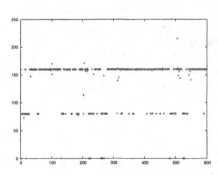 

Abb. 2. Durchsatz der Sonardaten und das Kamerabild

Der durch das Kamerabild bedingte Netzwerkverkehr beträgt bei einem Bild alle 2 Sekunden etwa 10*kByte* / *s*, bei einer Größe von etwas über 20*kByte* / *s* pro Bild. Damit wird eine drahtlose Netzwerkverbindung nach dem 802.11b Standard schon merklich belastet, da Übertragungsfehler und Paketverluste zu Mehrfachübertragung führen. Wird die Bildrate auf etwa ein Bild pro 3 Sekunden reduziert, so ergibt sich mit dem verwendeten System eine durchaus nutzbare Steuerung, wobei die tatsächliche Steuerung über die Daten des Sonars erfolgt, welche alles 100 ms aktualisiert werden. In Abbb. 2 sieht man auch das Steuerungsapplet bei einer Fahrt des Roboters durch das Labor des Lehrstuhls.

9 Zusammenfassung und Ausblick

Die Robotersteuerung ermöglicht es, über Verbindungen von stark wechselnder Qualität einen Roboter verlässlich zu steuern. Das System demonstriert die Anwendbarkeit von Java 2 Micro Edition für die Fernsteuerung und das Fernauslesen von Daten unter Einhaltung von weichen Echtzeitbedingungen. Durch die Plattformunabhängigkeit und den generellen Ansatz stellt das System eine einfach erweiterbare Plattform für ähnliche Dienste dar. Mit dem System könnten auch dezentrale Steuerungen im Industrie- oder Forschungsbereich implementiert werden. Weiterhin wäre es durch weitere Modularisierung möglich, einfache Steuerungen auch mit der CLDC-Plattform der Java 2 Micro Edition zu bewerkstelligen, was eine Steuerung mit weniger leistungsstarken, günstigeren Mikroprozessorsystemen und sogar Mobiltelefonen oder ähnlichen Geräten in Reichweite brächte.

Literaturverzeichnis

1. Sun Microsystems. Connected Device Con⁻guration Speci⁻cation, 2002. Version 1.0a, JSR 36.
2. Sun Microsystems. Connected Limited Device Con⁻guration Speci⁻cation, 2003. Version 1.1, JSR 139.
3. A. Birell and B. Nelson. Implementing remote procedure calls. ACM Transactions on Computer Systems, Vol. 2:39{59, 1984.
4. OMG Technical Document formal/02-05-08. The Common Object Request Broker – Architecture and Specification, 2.6.1 edition, 2002.
5. Microsoft Corporation. DCOM Technical Overview, 1996. White Paper.
6. OMG Technical Document orbos/98-10-05. Realtime CORBA { Joint Submission, 1998.
7. S. Lankes. Konzeption und Umsetzung einer echtzeitfÄahigen Verteilungsplattform für eingebettete Systeme. Shaker Verlag Aachen, 2003.
8. Stefan Lankes, Andreas Jabs, and Thomas Bemmerl. Design and performance of a can-based connection-oriented protocol for real-time corba. J. Syst. Softw., 77(1):37–45, 2005.
9. The Real Time for Java Experts Group. Real-Time Specication for Java, 2001. Version 1.0.

Anwendungen

Integration von Control- und Monitoring-Systemen in das TV Produktionsumfeld

Friedrich Gierlinger, Tobias Lausberg

Institut für Rundfunktechnik GmbH München, Floriansmühlstraße 60, 80939 München

Zusammenfassung. Die Digitalisierung der Technik in den Sendeanstalten des Fernsehrundfunks ist mittlerweile weit vorangeschritten. Die Einbindung der IT-Welt in die TV-Produktion ist der nächste Schritt. Diese Entwicklung wird alle Bereiche der Fernsehproduktion verändern. Die wesentlichste Aufgabe der Betriebsmesstechnik in der professionellen TV-Produktion ist dabei die Überwachung und Steuerung der gesamten Studio- und Produktionsgeräte. Durch die Entwicklung hin zur vernetzten TV-Produktion entsteht eine neue technische Umgebung. Neue Wege in der messtechnischen Überwachung der Produktionsmittel werden nötig. Durch das Simple Network Management Protocol (SNMP) ist eine Überwachungsschnittstelle vorhanden, die in der vernetzten TV-Produktionsumgebung eine wesentliche und herstellerübergreifende Rolle spielen kann.

Aus den Bereichen der Informations-Technik (IT) und der Broadcasthersteller existieren einige Softwareanwendungen, die SNMP zur Überwachung und Steuerung von Geräten nutzen. Dieser Beitrag soll zeigen welche Möglichkeiten durch die Nutzung von SNMP den Überwachungs- und Kontrollsystemen gegeben sind.

1 Einleitung

Seit Beginn der Fernsehübertragung wurde versucht, durch entsprechenden Einsatz von Messtechnik, die Qualität der Fernsehbilder und die Betriebsbereitschaft der Geräte zu steigern bzw. zu erhalten. Wie mit der Einführung der ersten Generation der Digitaltechnik die analoge Messtechnik ihre Aussagekraft verlor, so haben Messtechniken, die für digitale Komponenten Signale sinnvoll sind, nur noch bedingte Aussagekraft für die zukünftigen auf Filetransfer basierenden Fernsehstudios und Produktionseinrichtungen. Die Infrastruktur und somit die gesamte fernsehtechnische Produktion steht vor einem generellen Umbruch. Der rasante Fortschritt in den Bereichen der IT erobert auch den Broadcast Markt. Der Umstieg von altbewährter analoger Technik, bzw. von der neueren digitalen Komponententechnik hin zu der vernetzten IT gestützten Fernsehproduktion ist voll im Gang und für manche schon Realität.

Mit dem Umstieg auf IT gestützten Technik sollen die Arbeitsabläufe vereinfacht und effizienter werden, was zu einem geringeren Personalbedarf führt. Ferner wird es durch den darüber hinausgehenden Personalabbau bereits jetzt notwendig, wesentlich umfangreichere und komplexere Systeme durch immer weniger Personen überwachen und steuern zu lassen. Um dieser Entwicklung Nachhaltigkeit zu verleihen, muss durch Betriebssicherheit Vertrauen in die neue Technik geschaffen werden. Bisherige Mechanismen zur Überwachung und Kontrolle der Broadcastkomponenten basierten meist auf proprietären Schnittstellen. Da der IT gestützten Produktionsumgebung heterogene Strukturen mit unterschiedlichen Herstellern und Techniken zugrunde liegt, sind offene und standardisierte Schnittstellen wie SNMP gefragt. Erste SNMP Installationen sind in einigen Rundfunkanstalten bereits eingeführt. Die Nutzung von SNMP als generelle Überwachungsschnittstelle erscheint sinnvoll und erreichbar.

2 Die vernetzte Fernsehproduktionsumgebung

Die Beantwortung der Frage, wie die zukünftige vernetzte Produktionsumgebung technisch realisiert wird, lässt sich nicht generell beantworten. Sicher ist, es wird eine Mischung aus traditionellen Broadcast-Komponenten und angepassten Methoden der Informationstechnik sein (Abb. 1).

Auf der einen Seite lassen sich IT-Strukturen erkennen. IP Netzwerke, File-Server, Switches oder auch herkömmliche PC Anwendungen unter anderem in den Bereichen Redaktion und Editing bestimmen das Gesicht der vernetzten Fernsehproduktion.

Aber auch Broadcast-Strukturen werden nicht gänzlich aus der Produktionsumgebung verschwinden. Spezielle Signalformen (SDI/SDTI) werden bestehen bleiben. Die messtechnische Analyse dieser Signalformen wird auch zukünftig von speziellen Broadcast-Messgeräten vollzogen werden. Kreuzschienen zur Verteilung der A/V Daten, Sendemischer oder Multiplexer-Anordnungen in den Play-out Bereichen werden Teile der vernetzten Produktionsumgebung sein.

Auf diese Weise entsteht eine äußerst heterogene technische Infrastruktur. Die Herausforderung an die Betriebsmesstechnik der Zukunft wird es sein diesen Technik-Mix in seiner Gesamtheit zu überwachen und zu kontrollieren.

Um solch eine ganzeinheitliche Überwachung der gesamten Produktionsumgebung zu ermöglichen, bedarf es einiger grundlegender Anforderungen:

- Die Kommunikation mit allen Komponenten eines Produktionssystems. Hierbei müssen die relevanten Betriebsparameter aller Komponenten abfragbar und kontrollierbar sein.
- Ein zentraler Kommunikationsknoten an dem alle Betriebsparameter zusammenlaufen
- Eine Softwareapplikation, die es ermöglicht, diese Daten zu empfangen, Fehlzustände im Gesamtsystem erkennt und entsprechende Reaktionen zur Behebung der Fehlzustände einleitet.

Die Kommunikation der Betriebsparameter zwischen Komponenten und Managementstation muss eine Schnittstelle ermöglichen, die in jeder Komponente verfügbar ist. Diese Schnittstelle muss durch eindeutige Standards festgelegt sein und Möglichkeiten der nachträglichen Anpassung erlauben. Eine solche Schnittstelle ist durch SNMP gegeben.

Eine Softwareapplikation muss alle Betriebsparameter des Systems erfassen können. Sie ist ein zentraler Kommunikationsknoten zur Handhabung der Überwachungsdaten. Die Applikation der Managementstation muss es jederzeit erlauben, neue Komponenten und Teilnetze in die Überwachung mit aufzunehmen. Um dies erfüllen zu können, muss solch eine Applikation modular aufgebaut sein und auf möglichst einfache Art erweiterbar sein.

Solche Applikationen existieren durch Anbieter aus der traditionellen Broadcastindustrie und aus dem Bereich der informationstechnischen Industrie.

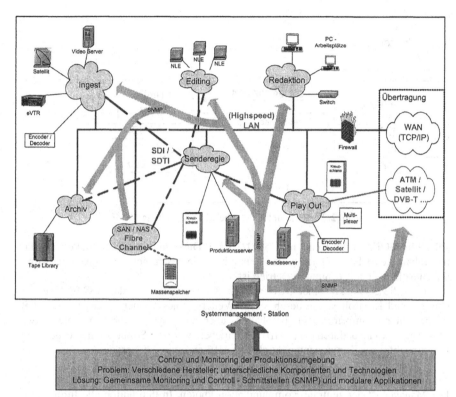

Abb. 1. Schema des Control und Monitoring in der vernetzten Fernsehproduktion

3 Die Überwachungsschnittstelle SNMP

SNMP ist eine Schnittstelle zur Überwachung und Kontrolle von Computernetzwerken. Standardisiert wurde SNMP durch Initiativen der IT. Die IETF spezifiziert in einigen RFC das gesamte Managementmodell [1].

SNMP baut in der Anwendungsschicht auf das TCP/IP Modell auf. Der Einsatz dieser Protokollform ist somit in allen Netzwerktechniken der IT möglich. Die Grundzüge der Überwachung mittels SNMP sollen im Folgenden einführend anhand von Abb. 2 erläutert werden.

Agent
Der SNMP Agent ist eine Softwareinstanz. Sie muss in jeder zu überwachenden Komponente der Produktionsumgebung vorhanden sein. Der Agent verwaltet den Zugriff auf Betriebsparameter der jeweiligen Komponente über ein Netzwerk.

MIB
Die Management Information Base (MIB) ist eine Datenbankstruktur. In ihr werden alle Parameter, die über SNMP zugänglich sind, hinterlegt. Jeder dieser Parameter wird durch seinen Objectidentifier (OID) eindeutig beschrieben. Ein Beispiel für

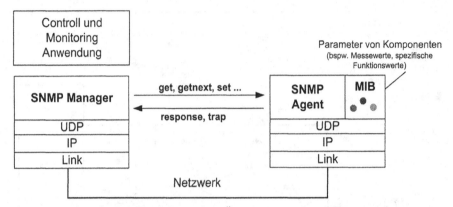

Abb. 2. Die Eckpunkte der Überwachung mittels SNMP

solch einen OID ist die Kennung 1.3.6.1.2.1.1.3. Diese steht für das Objekt sysUpTime. Inhalt dieses Parameters ist eine Zeiteinheit, die beschreibt, wie lange eine Komponente ohne Unterbrechung in Betrieb ist.

Durch diese Objekte einer MIB werden Komponenten für das SNMP Überwachungs- und Kontrollsystem beschrieben. Weitere Objekte einer Komponenten-MIB können Inventarinformationen beinhalten, aber auch spezifische Parameter, etwa Messwerte, können durch eine MIB beschrieben werden. Somit kann die gesamte Funktionalität der Komponenten durch eine MIB ausgedrückt werden.

Manager
Der Manager ist der zentrale Kommunikationsknoten. In ihm laufen alle Informationen des Überwachungssystems zusammen. Er empfängt die Betriebsparameter und leitet den Inhalt der Information an eine höher liegende Softwarestruktur, die Monitoring und Control Anwendung, weiter.

Die Applikation wertet die Informationen aus und stellt das Instrument zur Handhabung der Systemüberwachung dar.

Kommunikation
Für die Kommunikation zwischen Agenten und Manager stehen mit SNMP einige Szenarien zur Verfügung.

Eine Reihe von get-Befehlen (getnext, bulk ...) ermöglichen dem Manager einzelne oder eine Gruppe von Betriebsparametern der Komponentenagenten sequentiell anzufragen. Der Agent antwortet mit den Wertigkeiten der angefragten Objekte. SNMP bietet mit dem set-Befehl die Möglichkeit, aktiv Werte einer Komponente zu verändern. Der Manager kann somit in die Funktionalität einzelner Komponenten eingreifen. Die Fernsteuerung und Fernkonfiguration mittels SNMP ist möglich. Neben diesen Abfragen sieht SNMP eigenständige Fehlermitteilungen vor. Kommt es in einer Komponente zu einem vordefinierten Fehlzustand, sendet der Agent in Echtzeit eine trap-Sendung an den Manager. Dieser Trap kann als Hilfeschrei einer Komponente verstanden werden.

3.1 Schwächen und Stärken von SNMP

In der Auseinandersetzung mit dem Thema SNMP in der Fernsehproduktion ergeben sich einige Punkte, die als Schwachstellen dieser Schnittstelle angesehen werden können. Der Datentransport von SNMP Daten erfolgt in den meisten SNMP Implementierungen durch das User Datagram Protocol (UDP). Dieser Dienst ist unbestätigt. Kommt es bei der Übertragung zu einem Verlust des gesendeten UDP Paketes, ist die gesendete Information verloren. Besonders in weit verzweigten Netzwerken (Wide Area Networks) kann es häufiger zu einem solchen Datenverlust kommen.

Für die Übertragung der Fehlermeldungen durch Traps bedeutet dies, dass Fehlerereignisse durch den Manager unter Umständen nicht erkannt werden. Für eine Echtzeitüberwachung ist dieser Verlust nicht zu tolerieren.

Einige Control und Monitoring Anwendungen reagieren mit nachträglichen Bestätigungsmechanismen oder mit der Mehrfachsendung von Trapsendungen. Diese beiden Verfahren sind jedoch nicht durch den SNMP Standard abgedeckt.

Die Nutzung von TCP als Übertragungsprotokoll hat sich auf Agenten- und Managerseite nicht durchgesetzt. Grund hierfür ist die höhere Belastung der Netzwerkressourcen durch das TCP-Handshakeverfahren.

Die Entwicklung des SNMP Standards brachte bislang 3 aufeinander aufbauende Versionen hervor. Derzeit sind die Versionen 1 und 2 in den meisten Komponenten implementiert. Die Schwachstelle bei diesen Versionen liegt in der Sicherheit der Managementdaten. Die Daten werden im Klartext über das Netzwerk transportiert. Gegenüber Netzwerkangriffen sind diese Daten sehr anfällig. Ohne weitere Sicherheitsmaßnahmen lassen sich die Betriebsparameterdaten über das set- Kommando mit geringem Aufwand verändern. Netzwerkangreifern ist es somit möglich, Komponenten umzukonfigurieren. Der Effekt auf das Produktionssystem kann äußerst negative Folgen haben das System kann dabei außer Kontrolle geraten.

Eine Lösung dieser Sicherheitsproblematik ist die SNMP Version 3. Sie integriert einige Sicherheitsmechanismen. Unter anderem sorgen Verschlüsselungsalgorithmen wie MD5 oder SHA bei dieser Version für eine gesicherte SNMP Kommunikation.

Eine weitere Möglichkeit der Integration von Sicherheitsmechanismen ist die Verlagerung des gesamten SNMP Datenverkehrs in getrennte Netzwerke. Zum einen können sämtliche Daten in physikalisch getrennten Netzwerken transportiert werden. Die Installation einer neuen Netzwerkinfrastruktur ist hierzu notwendig. Allerdings ist dieser Ansatz aus Kostengründen als ungünstig zu bewerten.

Effizienter ist die Einrichtung eines Virtual Private Network (VPN). Hierbei werden die Daten in gesicherten Datenkanälen innerhalb einer Netzwerkinfrastruktur übertragen. Diese Datenkanäle basieren auf Tunnelprotokollen (IPsec oder L2TP). Sie nutzen ebenfalls die Verschlüsselungsalgorithmen MD5 oder SHA. Durch einen VPN können auch Komponenten mit Agentenimplementierung der Versionen 1 und 2 nachträglich gesichert werden. Die gesicherte Überbrückung von öffentlichen Backbone-Netzwerken kann durch eine VPN Anwendung auf SNMP Daten ebenfalls gewährleistet werden.

Bei der Betrachtung des Control und Monitoring mit SNMP muss eines klar erwähnt werden. Nur diejenigen Parameter lassen sich überwachen, die auch tatsächlich in Komponenten durch den Agenten implementiert sind. Eine genaue Betrachtung der

Komponenten MIB ist notwendig. Gegebenenfalls muss mit den Herstellern diskutiert werden, welche weiteren Parameter über den SNMP Dienst der Komponenten überwacht werden sollen.

Es überwiegen dennoch die Stärken der Schnittstelle und die hieraus resultierenden Einsatzmöglichkeiten.

–   SNMP bietet eine offene, herstellerunabhängige und standardisierte Schnittstelle. Dadurch ist es für jeden Hersteller möglich SNMP Agenten in seinen Komponenten zu implementieren.

–   Stichwort Proxy-Management; In Produktionshäusern finden sich häufig Komponenten ohne SNMP oder Netzwerk Schnittstelle. Durch den Einsatz von Proxy Agenten können auch nicht SNMP fähige Komponenten in ein Überwachungssystem integriert werden.

–   Die Überwachung der Hardware und Software ist mittels SNMP möglich.

–   Der Bereich der Überwachung kann nachträglich erweitert werden. Neue Teilnetzwerke und Komponenten lassen sich in das Control und Monitoring einbinden.

–   Es ist möglich Broadcast- und IT Strukturen durch SNMP zu überwachen

–   SNMP ist in der IT erprobt und als Standard akzeptiert. Ausreichend Know-How bei der Implementierung von SNMP ist vorhanden.

Ein großer Teil der Vorarbeit besonders im Bereich der Standardisierung und verfügbaren Implementierungen ist geleistet.

4 Managementapplikationen, das Instrument der Überwachung mit SNMP

Die gesamte SNMP Kommunikation läuft im Manager auf. Dieser leitet alle Informationen an die Control- und Monitoringanwendung weiter (Abb. 2). Auf der Grundlage des SNMP bestehen aus den Bereichen der BC- und der IT-Hersteller einige Applikationen, die eine Überwachung und Kontrolle von Netzwerkkomponenten ermöglichen sollen. Eine knappe Auflistung einiger Managementapplikationen ist aus Tabelle 1 ersichtlich.

Neben diesen Anbietern entwickeln viele Sendehäuser eigenständige Applikationen [2].

Bei dem durchaus üppigen Angebot an Managementapplikationen stellt sich die Frage, was diese einzelnen Applikationen der BC-Hersteller gegenüber denen der IT-Hersteller leisten können und wo Beschränkungen auftreten.

Für den Einsatz in der vernetzten Produktionsumgebung ergeben sich einige grundlegende Anforderungen.

–   Fehlermanagement; Eingehende Fehlermeldungen (Traps) sollten Aufschluss über Art, Ort und Möglichkeiten der Behebung geben. Die Verteilung von Fehlermitteilungen mittels E-Mail oder SMS-Diensten ist wünschenswert.

–   Alle MIB Daten der Komponenten sollten über die Management-Applikation langfristig gespeichert werden können. Das Verhalten einzelner Betriebsparameter über einen längeren Zeitraum kann somit analysiert werden. Bei der Behebung von Fehlzuständen können solche Daten eine Hilfestellung geben.

– Alle SNMP Komponenten sollten durch eine Applikationen überwacht werden
   können. Auch nachträglich müssen Komponenten in die Überwachung mit aufgenommen werden können.
– Managementdaten müssen über die Applikation durch unterschiedliche Grafiken
   darstellbar sein, sinnvoll ist auch eine visuelle Darstellung des Produktionsnetzwerkes;
– Sinnvoll ist es ebenfalls die Möglichkeit Konfigurationen an Komponenten über
   die Oberfläche der Applikation durchzuführen, bis hin zur Fernsteuerung einzelner Komponenten.
– Und noch einige Anforderungen mehr: der Zugang über das Web, um den Zugriff
   auf die Managementdaten von außerhalb und schnelle Reaktionen zu ermöglichen. Die Systemstabilität könnte damit auch von außen gewährleistet werden.

Tabelle 1: Eine Auflistung einiger Control- und Monitoringapplikationen basierend auf SNMP

Control- und Monitoringapplikationen von			
IT Unternehmen		Broadcast-Hersteller	
IBM Tivoli	Netview	Thomson Grass Valley	NetCentral
Hewlett Packard	Openview	Harris Corporation	Harris Broadcast Manager
BMC Software Inc.	PATROL	Snell&Wilcox	RollMap/RollCall
Computer Associates International Inc.	Unicenter	Dimetis	Openbroadcast

4.1 Beschreibungen der Möglichkeiten von Managementapplikationen

Aus dem Angebot von Überwachungsapplikationen (Tabelle 1) wurden einige zum
Test in eine Broadcastumgebung integriert. Diese Integration erlaubt eine Beschreibung der Möglichkeiten der einzelnen Managementapplikationen. Am Beispiel des
Network Node Managers von Hewlett Packard soll nun skizziert werden, was durch
dieses Produkt möglich wird.

Der Network Node Manager
generiert eine Visualisierung des zu überwachenden Produktionsnetzwerkes. Diese
Darstellung ist eine logische Abbildung des Netzwerkes basierend auf der IP-Adres-
sierung der Produktionskomponenten. Ein Beispiel für solch eine Visualisierung zeigt
Abb. 3.

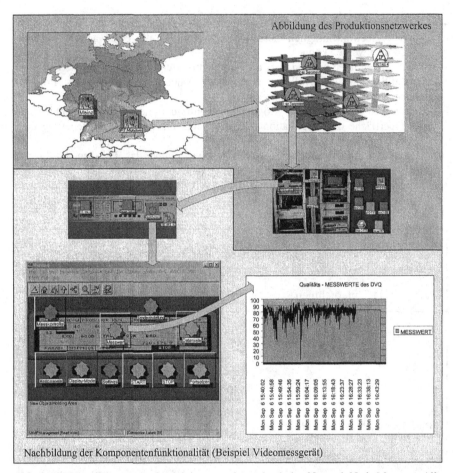

Abb. 3. Die Visualisierung der Produktionsumgebung durch den Network Node Manager. Alle Komponenten werden durch einzelne Objekte auf der GUI abgebildet. Hier das Integrationsbeispiel des DVQ von Rohde&Schwarz.

Es entsteht eine hierarchische Darstellung der Produktionsumgebung von einer allgemeinen Übersicht bis zur Abbildung der Funktionalität einzelner Komponenten. Die geografische Verteilung der Produktionskomponenten lässt sich abbilden. Denkbar ist ebenfalls die Nachbildung des Produktionsworkflows. Für die Überwachung und Auswertung der Managementdaten ist diese Oberfläche der Ausgangspunkt.

Die Integration des Videomessgerätes Digital Video Quality Analyzer der Firma Rohde&Schwarz (DVQ) in das Broadcastumfeld ist in Abb. 3 ersichtlich. Der DVQ untersucht digitale A/V Ströme nach deren Qualität. Die Messwerte der Qualitätsbeurteilung werden auf einer Skala von 0 (schlecht) bis 100 (exzellent) angezeigt.

Einzelne Messungen des DVQ lassen sich über die Oberfläche des Network Node Managers durchführen. Die gesamte Funktionalität des DVQ lässt sich über die Oberfläche des Node Managers abbilden.

Nicht alle Messwerte des DVQ lassen sich ohne zusätzliche Software auswerten. Beispielsweise werden die Messwerte der Qualitätsbeurteilung in einem Datenformat übertragen, die der Node Manager nicht als Messwert weiterverarbeiten oder darstellen kann. Auf der Basis der Node Manager Software lassen sich individuelle Programme entwickeln, die auf solche Probleme reagieren können. Im Falle des beschriebenen Messwertes wurde eine Software realisiert, die Daten im Datenformat konvertiert und in einer Excel-Darstellung fortlaufend dokumentiert. Der Aufruf dieser zusätzlichen Software erfolgt über die Oberfläche des Node Managers. Des Weiteren ist es möglich, zusätzliche Dienste (telnet, VNC, Webinterface) der Komponenten über die GUI (Abb. 3) aufzurufen.

Der Network Node Manager ermöglicht die Überwachung der IT-Strukturen, wie Switches oder PC, innerhalb einer TV-Produktionsumgebung. Die Netzwerkkommunikation kann dokumentiert und überwacht werden. Einzelne Broadcastkomponenten mit SNMP Schnittstelle können ebenfalls in die Umgebung zur Überwachung eingebunden werden. Allerdings treten immer wieder Schwierigkeiten bei der Auswertung von Betriebsparametern der Broadcastkomponenten auf.

NetCentral

Auf Seiten der Broadcasthersteller stellt NetCentral von Thomson Grass Valley eine Überwachungsapplikation dar. NetCentral ist entwickelt für das Control und Monitoring von Broadcastkomponenten. Die Oberfläche nach Abb. 4 bildet die Grundlage für die Handhabung der Überwachung. Diese ist für einige Komponenten des Broadcastbereiches speziell und durch zusätzliche Software schlüsselfertig installierbar. Die Überwachung von IT-Strukturen wird allerdings nicht ohne erheblichen zusätzlichen Programmieraufwand möglich.

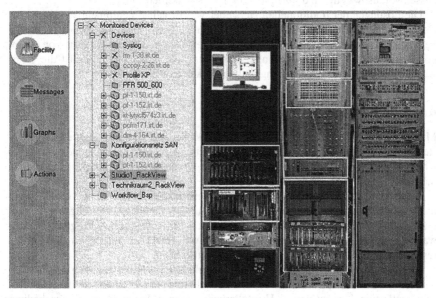

Abb. 4. Die Arbeitsoberfläche der Control- und Monitoringanwendung NetCentral von Thomson Grass Valley

5 Ausblick

Weitere Schritte auf dem Weg SNMP als effektive Überwachungsschnittstelle für die Fernsehproduktion zu nutzen sind notwendig.

Die bisherige Standardisierung des SNMP richtet sich nach den Bedürfnissen der IT. IT-Netzwerke und Standardkomponenten lassen sich über die spezifizierten MIB Module überwachen. Strukturen des Aufbaus von Broadcastumgebungen werden durch diese Überwachung nicht berücksichtigt. Voraussetzung für die effektive Einführung von SNMP als universelle Überwachungsschnittstelle kann eine Broadcast-MIB Spezifikation sein. Solch eine MIB würde detailliert beschreiben, welche Betriebsparameter innerhalb einer vernetzten Produktionsumgebung in jedem Fall zu überwachen sind. Den Herstellern der Komponenten und denen der Control- und Monitoringanwendung würde somit eine Vorgabe gegeben, wie SNMP umzusetzen ist. Erste Anstrengungen auf dem Weg zu solch einer Broadcast-MIB werden unternommen. Allerdings wird die Umsetzung dieser MIB noch einige Entwicklungszeit in Anspruch nehmen. Derzeit ist ein solcher Standard nicht verfügbar.

Ein weiterer wesentlicher Aspekt bei der Nutzung von SNMP ist die Sicherheit der hoch sensiblen Managementdaten. Um den Missbrauch solcher Daten zu verhindern, braucht es eine detaillierte Sicherheitsstrategie. SNMP Version 3 sollte die Minimalanforderung sein. Bei der zukünftigen Implementierung von SNMP sollte auf die Umsetzung dieser Standardisierungsversion geachtet werden.

Auf der Suche nach der geeigneten Control- und Monitoringanwendung können die Produkte der IT Lösungen bieten. Allerdings sind bei allen Produkten weitere Anpassungen nötig. Diese können leider nur mit Unterstützung der IT-Hersteller vorgenommen werden. Eine solche Anpassung setzt nämlich eine genaue Vorstellung dessen voraus, was durch die Applikation geleistet werden soll.

Die Lösungen der traditionellen Hersteller von Broadcastequipment weisen in den Control- und Monitoringanwendungen noch einige Schwächen auf. Meist ist die Überwachung für die eigene Produktpalette spezialisiert. Die Integration von Komponenten fremder Hersteller ist aufwendig oder nicht möglich. Zudem ist die Überwachung von IT-Strukturen bislang nicht berücksichtigt.

6 Zusammenfassung

Mit SNMP existiert eine umfassende Schnittstelle, um messtechnische Aufgabenstellungen in der vernetzten Produktionsumgebung zu lösen. Die Handhabung der Überwachung wird durch eine oder mehrere Control- und Monitoringanwendung möglich.

Anwendungen aus dem IT Bereich gewährleisten die Überwachung von IT-Strukturen. Die Einbindung von Broadcastkomponenten ist möglich. Allerdings ist dies für noch nicht implementierte Komponenten mit einem relativ hohen Programmieraufwand verbunden. Die Lösungen der IT sind weit verbreitet und durch das hieraus resultierende umfangreiche Know-How anpassungsfähig.

Die Lösungen der Broadcasthersteller ermöglichen eine Überwachung von herstellerspezifischen Komponenten. Für die herstellereigenen Produkte bieten sie eine schlüsselfertige Überwachung. Herstellerübergreifende Lösungen sind nur bedingt brauchbar. Der Aufwand für die Integration von Fremdfabrikaten ist sehr hoch. IT-Strukturen sind zudem bei der Überwachung nicht berücksichtigt.

Eine ganzheitliche Überwachung der gesamten vernetzten TV-Produktionsumgebung können beide Seiten, sowohl die IT als auch Broadcasthersteller, noch nicht gewährleisten. Der Schlüssel zum Erfolg liegt im konstruktiven Dialog zwischen Sendehäusern und Herstellern. Nur wenn die Bedürfnisse klar beschrieben sind, lassen sich praxistaugliche Lösungen entwickeln.

Literaturverzeichnis

1. SimpleWeb: www.simpleweb.org/ietf/rfcs/rfcbytopic.html
2. FKT 8–9/2004: T.Paulke, G.Jahns, W.Nieper, Offenes Broadcast Management System, S.422.

Aufbau eines Stereokamerasystems zum Betrieb unter RTOS-UH

Marc Gerecke, Wilfried Gerth

Universität Hannover, Institut für Regelungstechnik

E-mail: gerecke@irt.uni-hannover.de

Zusammenfassung. Der Betrieb autonomer mobiler Systeme im menschlichen Lebensraum setzt voraus, dass sich diese orientieren und selbständig Wege von ihrem Standpunkt zum Ziel suchen können. In diesem Artikel wird das Konzept eines Stereokamerasystems vorgestellt, das es einem zweibeinigen Roboter ermöglichen soll, ein dreidimensionales Modell der Umgebung zu erfassen und darauf basierend freie Wege zu finden. Dabei wird besonderer Wert auf die Rechenleistungs- und Energieautonomie des Roboters gelegt. Dieses Ziel wird durch die Verwendung einer effizienten Datenverarbeitungsstruktur erreicht. Um verwackelungsarme Bilder und Bildsequenzen zu erhalten, ist ferner eine inertiale Kamerastabilisierung in das System eingebunden.

1 Einleitung

Serviceroboter halten sich aufgrund ihres menschennahen Aufgabengebiets nicht wie Industrieroboter in genau bekannten Arbeitszellen auf, sondern agieren in einer veränderlichen und nicht speziell an sie angepassten Welt. Um ihre Aufgaben erfüllen zu können, ohne sich selbst oder andere Bewohner (Menschen ebenso wie Gegenstände) dieses Umfeldes zu gefährden, ist es erforderlich, dass die Roboter ihre Umgebung erfassen können.

In diesem Artikel wird ein mögliches Konzept der Umgebungserfassung für einen autonomen zweibeinigen Roboter vorgestellt. Das beschriebene Konzept wurde bzw. wird gerade auf dem Roboter LISA des Instituts für Regelungstechnik umgesetzt. Da die Umsetzung noch nicht abgeschlossen ist, wird hier mehr auf die Systemstruktur und ihre Komponenten eingegangen als auf endgültige Algorithmen. Es ist damit zu rechnen, dass diese, basierend auf den Erfahrungen bei der Umsetzung, noch angepasst werden müssen.

1.1 Anforderungen an die Umwelterkennung bei einem autonomen Laufroboter

Wesentliche Anforderungen an einen Roboter, der sich autonom in unbekannter Umgebung bewegen soll, sind die Selbstlokalisation und die Erkennung von Hindernissen bzw. freien Wegen.

Die Selbstlokalisation ist erforderlich, weil odometrische Verfahren zur Bewegungsmessung grundsätzlich Schlupf aufweisen und Messungen mit Beschleunigungssensoren driften. Zur Selbstlokalisation können natürliche Landmarken, also schon vorhandene signifikante Umgebungsmerkmale, verwendet werden. Künstlich angebrachte Landmarken erleichtern zwar die Selbstlokalisation, erfordern aber zusätzlichen Aufwand und sind in einigen Szenarien nicht akzeptabel.

Die verbreitetsten Verfahren zur Hindernisvermeidung sind modellbasiert. Sie gehen von einem ebenen (meist horizontalen) Untergrund aus. Alle Objekte, die aus diesem herausragen, sind potentielle Hindernisse, die nach ihren charakteristischen Eigenschaften klassifiziert werden. Dabei wird nach unterschiedlichen Arten von Hindernissen (z.B. „Graben" und „Balken") sowie nach „übersteigbar" oder „nicht übersteigbar" unterschieden (vergl. z.B. [1]). Für unterschiedliche Arten von Hindernissen sind dabei auch unterschiedliche Überwindungsstrategien erforderlich. So ist bei Treppen eine andere Behandlung sinnvoll als bei Gräben. Der Vorteil dieses Ansatzes liegt darin, dass man neben der reinen Hindernisinformation auch schon eine objektbasierte Umgebungsbeschreibung erhält. Nachteilig ist jedoch, dass alle potentiellen Hindernisse unterscheidbar sein müssen. Zusätzlich muss für jede Hindernisklasse vorab ein Modell erstellt werden. Dieses Verfahren eignet sich eher für stark strukturierte Umgebungen mit vereinzelten, bekannten Hindernissen.

In diesem Artikel wird ein anderer Ansatz verfolgt: Aus der Umgebungsvermessung wird eine 3D-Punktwolke erzeugt, die ein Oberflächennetz aufspannt. Darin wird nach *Trittflächen* gesucht, also nach zusammenhängenden Flächen, die groß genug und hinreichend wenig geneigt sind, so dass der Roboter sie betreten kann. Damit eignet sich dieses Verfahren voraussichtlich besser für unebene Untergründe und Umgebungen mit sehr unterschiedlich geformten Hindernissen. Es ist kein Modell für auftretende Hindernisse erforderlich und es erfolgt auch keine Sonderbehandlung für einzelne Hindernisarten. Beispielsweise muss eine Treppe nicht als solche erkannt werden, da sie sich dem Roboter einfach als eine Abfolge betretbarer Flächen darstellt. Der Nachteil dieses Ansatzes ist jedoch, dass er keine Informationen über Objekte in der Umgebung liefert, die für eine komplexe Missionsbeschreibung wie „Hol das Glas, das auf dem Tisch steht" nötig wären.

1.2 Auswahl der Messmethode

Es existiert eine Vielzahl von Verfahren, mit denen sich eine dreidimensionale Repräsentation der Umgebung erstellen lässt. Hier kann zunächst nach dem physikalischen Medium zwischen optischer und akustischer Messung unterschieden werden, außerdem bietet sich eine Unterscheidung zwischen aktiven und passiven Messverfahren an. Tabelle 1 zählt einige Verfahren auf. Für die sichere Führung des Roboters durch unbekanntes Gelände ist es erforderlich, relevante Umgebungspunkte im Abstand zwischen etwa 1 m und 4 m mit einem Fehler von höchstens 2–4 cm zu vermessen. Der Messabstand ergibt sich daraus, dass der Roboter den Bereich vor seinen Füßen bis zu ca. drei Schritten im Voraus erfassen soll. Wie in [2] gezeigt wird, ist dies der Bereich, in dem auch der Mensch meistens seine Schritte plant.

Das Kreuzpeilungsverfahren macht in diesem Zusammenhang keinen Sinn, da es nur zur Ortung externer Schallquellen dient. Die Sonarmessung ist relativ einfach auszuwerten, dafür aber langsam und aufgrund der Schallkeulenaufweitung nicht genau genug. Aktive optische Messverfahren, zu denen auch Laserscanner zählen, bieten i. A. eine hohe Genauigkeit und, im Vergleich mit den passiven Verfahren, eine relativ leichte Auswertbarkeit. Allerdings sind sie weniger flexibel und benötigen mehr Energie als passive Verfahren. Der große Vorteil der passiven Systeme ist darin

Tabelle 1: Darstellung einiger optischer/akustischer sowie aktiver/passiver Messverfahren

	aktiv	**passiv**
akustisch	Ultraschall-Laufzeitmessung (= Sonar)	Kreuzpeilung
optisch	Triangulationssensoren Licht-Laufzeitmessung Lichtschnittverfahren	Stereotriangulation Shape from X Verfahren

zu sehen, dass es zu keinerlei Beeinflussung anderer technischer Systeme kommen kann und keine (tatsächliche oder eingebildete) Gefährdung für die Augen von Menschen oder Tieren besteht, so dass die Akzeptanz deutlich besser ist. In einigen Anwendungen, insbesondere im Bereich der Sicherheitstechnik, verbieten sich aktive Systeme von selbst, da sie leicht ortbar sind. Um den Roboter möglichst universell einsetzbar zu machen, verwenden wir ein passives optisches System. Die diversen *Shape from X* Verfahren, die 3D-Informationen mit einer einzelnen Kamera generieren, scheiden aus, weil sie entweder zu langsam sind (Shape from defocussing) oder zu viel Vorwissen erfordern (Shape from shading). Es bleibt die Stereotriangulation, die darauf beruht, dass die dreidimensionale Position eines Punktes, der von zwei Kameras gesehen wird, aus seinem Versatz in den Bildern rekonstruierbar ist.

2 Systemkonzept und Hardwareaufbau

Wie in Abb. 1 dargestellt, besteht das gesamte betrachtete System neben dem Roboter selbst aus zwei unterschiedlichen inertialen Messsystemen, einer SchwenkNeige-Einrichtung, über die die Kameras relativ zum Robotertorso bewegt werden können, den zwei Kameras, sowie einem leistungsfähigen Bildverarbeitungsrechner. Zur Ansteuerung der Schwenk-Neige-Einrichtung ist ein Leitrechner und eine Leistungselektronik vorhanden. Die einzelnen Komponenten werden in den folgenden Abschnitten vorgestellt.

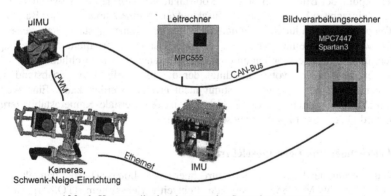

Abb. 1. Kommunikationskonzept des Stereokamerasystems

2.1 Die Schwenk-Neige-Einheit

Um die Blickrichtung des Roboters an die Umgebungsbedingungen und die aktuelle Aufgabe anzupassen, müssen die Kameras schwenk- und neigbar angebracht sein. Alternativ könnte man die Kameras auch mit Weitwinkelobjektiven ausrüsten, um ein größeres Blickfeld zu erfassen, aber dies ginge mit einem großen Genauigkeitsverlust einher. Da für die Rekonstruktion der dreidimensionalen Messwerte die genaue Lage der beiden Kameras zueinander bekannt sein muss, bietet es sich an, die Kameras so auf einer Schwenk-Neige-Einheit (im Folgenden PTU von Pan Tilt Unit) anzubringen, dass sie starr miteinander verbunden sind und um den gleichen Winkel geschwenkt bzw. geneigt werden (siehe Abb. 2).

Abb. 2. Foto der Schwenk-Neige-Einrichtung mit provisorischer Kamerabefestigung

Je größer die Basisbreite ist, je weiter die Kameras also voneinander entfernt sind, desto höher ist die resultierende Auflösung der Tiefeninformation. Allerdings führt ein großer Basisabstand bei nahen Objekten dazu, dass ein Großteil der Punkte nur in jeweils einem Kamerabild enthalten ist. Oft wird dieses Problem durch eine veränderliche Vergenz (Schielen) gelöst. Bei dem hier vorgestellten System dagegen ist es möglich, die Basisbreite in einem Bereich von etwa 120 mm bis 255 mm zu verstellen. Dabei tritt eine symmetrische Parallelverschiebung der Kameras auf, jedoch keine Verkippung der Bildachsen, so dass Koordinatentransformationen zwischen beiden Kameras einfach sind. Als möglicher Zusatznutzen ist eine Anpassung der Basisbreite bei Telepräsenzanwendungen möglich. So kann der Kameraabstand wahlweise vergrößert werden, um eine verbesserte Tiefenauflösung zu erhalten, oder verringert werden, um so gut wie möglich an den Augenabstand eines menschlichen Bedieners angenähert zu werden, wobei allerdings der durchschnittliche Augenabstand beim Menschen ca. 62 mm beträgt und somit nicht erreicht werden kann. Eine weitere wesentliche Möglichkeit, die die PTU bietet, ist die inertiale Kamerastabilisierung. Diese wird in Abschnitt 2.4 näher beschrieben.

2.2 Leitrechner und Leistungselektronik

Zur Ansteuerung der PTU dient der Leitrechner des Roboters. Hierbei handelt es sich um einen Freescale MPC555, auf dem das Echtzeitbetriebssystem RTOS-UH läuft. Er ermöglicht eine bequeme zeitdiskrete Regelung des Kamerakopfes. Die Stellgröße kann, je nach Bedarf, entweder über zwei PWM-Kanäle (Pulsweitenmodulation) oder über den CAN-Bus ausgegeben werden.

Die Leistungselektronik basiert auf zwei integrierten H-Brücken-Bausteinen, die die Motorspannung entsprechend dem angelegten PWM-Signal stellen und ggf. Fehlerzustände an den Leitrechner melden.

2.3 Die Kameras

Bei der Auswahl der Kameras ist zwischen CCD- und CMOS-Kameras zu unterscheiden. Zurzeit sind CCD-Kameras noch verbreiteter und meist auch günstiger als CMOS-Kameras. Dies dürfte sich aber in wenigen Jahren umgekehrt haben, da CMOS-Bildaufnehmer prinzipiell günstiger herzustellen sind als die CCD-Chips. Der Vorteil der CCD-Technik liegt hauptsächlich im geringeren Bildrauschen. Demgegenüber steht bei der CMOS-Technik die deutlich geringere Stromaufnahme (etwa um den Faktor zehn) sowie die direkte digitale Auslesbarkeit. Diese erleichtert die Synchronisierung der Kameras und vermeidet Skalierungsunsicherheiten zwischen horizontaler und vertikaler Bildrichtung, die durch die Abtastung des Analogsignals bei CCD-Kameras entstehen und eine erheblich aufwendigere Kalibrierung erforderlich machen (vergl. [3]).

Bei den hier verwendeten Kameras handelt es sich um CMOS-Kameras, in die ein Mikroprozessor vom Typ Coldfire MCF5272 sowie ein Spartan2E FPGA integriert ist. Der Mikroprozessor dient im Wesentlichen dazu, die Daten über das Ethernet zu versenden, während das FPGA für Synchronisierungs- und Bildvorverarbeitungsaufgaben zur Verfügung steht. Die Kameras liefern Graustufenbilder mit einer Auflösung von 1280×1024 Pixel. Theoretisch könnte der Kamerachip bis zu 18 Bilder pro Sekunde aufnehmen, allerdings dauert die Übertragung eines Vollbildes über Ethernet ca. 600 ms, so dass die höhere Framerate lediglich lokal in der Kamera zur Verfügung steht. Aufgrund der Rechenleistung der FPGAs in den Kameras bietet es sich also an, mehrere Bilder miteinander zu verrechnen, bevor das resultierende Bild übertragen wird. Es ist beispielsweise möglich, das Bildrauschen zu verringern, indem man zwischen zwei unmittelbar nacheinander aufgenommenen Bildern mittelt:

$$g_{res}(x,y) := \frac{g_1(x,y) + g_2(x,y)}{2}, \tag{1}$$

wobei $g_1(x, y)$, $g_2(x, y)$ und $g_{res}(x, y)$ den Grauwert des Pixels an der Stelle (x, y) im ersten, zweiten und im resultierenden Bild bezeichnen. Eine weitere Möglichkeit der Bildaufbereitung wäre eine Dynamikumfangserweiterung: In Innenräumen mit Fenstern, dem üblichen und angestrebten Einsatzgebiet unserer Roboter, treten extrem hohe Helligkeitsunterschiede zwischen sonnenbeschienenen Bereichen und Schattenpartien auf. Diese lassen sich in dem 8 Bit Graustufensignal der Kamera nicht vollständig abbilden, so dass entweder in hellen oder dunklen Bereichen keine Information mehr erfasst wird. Um den Dynamikumfang der Kameras zu erweitern, sollen zwei Bilder mit unterschiedlicher Belichtungszeit unmittelbar nacheinander aufgenommen werden. Dabei steht g_1 für die Grauwerte des länger belichteten, g_2 für die des kürzer belichteten Bildes und t_{expi} bezeichnet die Belichtungszeit des i-ten Bildes.

$$g_{res}(x,y) := \begin{cases} g_1(x,y) & \text{für } \left(g_1(x,y) \le 255\right) \wedge \left(g_2(x,y) = 0\right) \\ \frac{g_1(x,y) + \frac{t_{exp1}}{t_{exp2}} g_2(x,y)}{2} & \text{für } \left(g_1(x,y) < 255\right) \wedge \left(g_2(x,y) > 0\right) \\ \frac{t_{exp1}}{t_{exp2}} g_2(x,y) & \text{für } \left(g_1(x,y) = 255\right) \wedge \left(g_2(x,y) > 0\right) \end{cases} \tag{2}$$

Gleichung (2) geht von 8 Bit Graustufen pro Bild und einem Belichtungszeitverhältnis von $1 \leq \frac{t\,exp\,1}{t\,exp\,2} \leq 256$ aus. Auf diese Weise lassen sich im Extremfall zwei 8 Bit Bilder zu einem 16 Bit Bild verrechnen.

Allerdings ist es bei den beschriebenen Bilderweiterungsverfahren erforderlich, dass die zu verrechnenden Bilder den selben Inhalt, also auch die selbe Position und Orientierung haben, weil sonst unscharfe Bilder oder Bilder mit doppelten Kanten entstehen können. Auch während der Aufnahme einzelner Bilder, insbesondere mit langer Belichtungszeit, sollten die Kameras unbewegt sein, um ein Verwischen zu vermeiden. Diese Bedingung wird aber zum einen durch die gewollte Laufbewegung des Roboters und zum anderen durch ungewollte Regelabweichungen und Vibrationen des Robotertorsos gebrochen. Unter der Voraussetzung, dass es sich bei den aufgenommenen Objekten um entfernte Gegenstände handelt (mehr als einen Meter entfernt), wirken sich translatorische Fehler im Bild erheblich weniger aus als rotatorische, so dass es das Ziel sein muss, die rotatorischen Bewegungen der Kameras durch Kompensationsbewegungen der PTU auszugleichen.

2.4 Messeinrichtung zur inertialen Kamerastabilisierung

Der Torso des Roboters ist mit einem kompakten Lowcost-Gleichgewichtssensor (im Folgenden „IMU“ von Inertial Measurement Unit) ausgestattet, dessen Aufbau in [4] beschrieben ist. Diese IMU verwendet die Signale von jeweils zwei verschiedenen Drehratensensoren (Murata ENV-05 und Analog Devices ADXRS-150) pro Achse. Die Messwerte werden über einen Quaternionenbeobachter mit den Messungen von Beschleunigungssensoren und Magnetfeldsensoren verrechnet, so dass eine verhältnismäßig genaue und driftarme Messung der Torsolage möglich ist. Ein vereinfachter, noch kompakterer Aufbau mit dem Namen μIMU wurde für allgemeine Messaufgaben entwickelt (vergl. [5]) und wird zurzeit speziell an die Bedürfnisse der Kamerastabilisierung angepasst. Die μIMU verzichtet unter anderem auf die Murata Drehratensensoren, wodurch sie allerdings driftanfälliger ist. Die Driftneigung ist beim Einsatz für die Kamerastabilisierung aber kein Problem, da es nicht um eine Langzeitmessung, sondern nur um einen Stabilisierung für einige Sekundenbruchteile geht. Zu diesem Zweck wird die μIMU auf dem Kamerakopf montiert und zwischen Leitrechner und Leistungselektronik geschaltet. Sie nimmt vom Leitrechner den aktuellen Soll-Blickwinkel, bestehend aus Schwenk- und Nickwinkel, entgegen, wobei die Übertragung wahlweise per CAN-Bus oder über zwei PWM-Kanäle erfolgen kann. In den Sollwerten werden schon die Informationen über die aktuelle Torsobewegung, wie sie von der torsofesten IMU geliefert werden, berücksichtigt; sie können auch direkt an die Leistungselektronik der PTU weitergeleitet werden. Die zwischengeschaltete μIMU ermöglicht es jedoch, die verbleibenden Störungen, die sich aus Spiel und Elastizität der PTU ergeben, zu messen und durch entsprechende Modifikation der Motoransteuerung zu kompensieren.

2.5 Der Bildverarbeitungsrechner

Die schritthaltende Bildverarbeitung erfordert erhebliche Rechenleistung, weshalb diese bei vielen Ansätzen außerhalb des mobilen Systems untergebracht wird (vergl. [6]). Da bei dem Roboter LISA aber ein Hauptaugenmerk auf der Autonomie liegt, soll diese Lösung vermieden werden. Die beschränkenden Faktoren sind hierbei zum einen der verfügbare Platz im Robotertorso, zum anderen die zulässige Leistungsaufnahme: Leistungsstarke Prozessoren zeichnen sich i. A. auch durch einen hohen Stromverbrauch aus. Da der Roboter im Betrieb aus eingebauten Akkumulatoren versorgt wird, reduziert eine hohe Leistungsaufnahme einzelner Komponenten die erzielbare Betriebsdauer. Es galt also, einen Kompromiss zwischen Rechenleistung und Energieverbrauch zu finden. Die gegenwärtig vorgesehene Rechnerplattform ist ein Freescale MPC7447 mit zusätzlichem Xilinx Spartan3 FPGA. Der Prozessor ermöglicht es, durch Ein-/Ausschalten einzelner Module, wie beispielsweise der Altivec-Einheit, die speziell für Matrixoperationen geeignet ist, die Rechenleistung an den aktuellen Bedarf anzupassen und so in Ruhephasen Energie zu sparen. Mit Hilfe des FPGA ist es möglich, spezielle Operationen hoch effizient in Hardware durchzuführen. Da der Spartan3, im Gegensatz zu dem FPGA in den Kameras, bereits Hardwaremultiplizierer enthält, eignet er sich besonders für die Implementierung von Signalverarbeitungsaufgaben.

3 Datenverarbeitung

Die Datenverarbeitung im vorgestellten System erfolgt an verschiedenen Stationen. In den folgenden Abschnitten wird der Weg der Daten von der Low-Level-Behandlung in den Kameras bis zu komplexen, vorausschauenden Bahnplanungsoperationen beleuchtet.

3.1 Datenvorverarbeitung in den Kameras

In den Kameras durchlaufen die Daten des CMOS-Bildsensors zunächst das FPGA, bevor sie vom Mikrocontroller über Ethernet übertragen werden. Dank der reichlichen Speicherausstattung der Kameras (jeweils 64 MB für FPGA und Prozessor) ist es möglich, die Daten bereits in der Kamera vorzuverarbeiten. In Abschnitt 2.3 wurden bereits Verfahren vorgestellt, die auf dem Verrechnen mehrerer aufeinanderfolgender Bilder basieren. Zusätzlich besteht die Möglichkeit, Helligkeits- und Kontrastanpassungen sowie Filter auf einzelne Bilder anzuwenden. Hier bietet sich besonders das Medianfilter in seiner eindimensionalen Form (s. z.B. [7]) an, das binäres Rauschen unterdrückt und sich leicht im FPGA implementieren lässt.

Es wurde bereits erwähnt, dass die Bildübertragung über das Ethernet relativ langsam erfolgt. Aus diesem Grund ist eine Kompression wünschenswert, allerdings eignen sich übliche verlustbehaftete Algorithmen wie z.B. die JPEG-Kompression nicht gut für diese Aufgabe, da sie zu Bild- bzw. Kantenverfälschungen führen. Sinnvoll ist hier eine Reduzierung der Bilddaten auf informationsreiche Bildteile: Um Korrespondenzpunkte in den zwei Kamerabildern zu finden, ist es erforderlich, dass die Punkte sich von ihrer Nachbarschaft unterscheiden. In einheitlich gefärbten Flächen sind einzelne Punkte nicht unterscheidbar, sie tragen nichts zur 3D-Information bei und müssen dementsprechend auch nicht übertragen werden. Durch eine Hochpassfilterung nach der Rauschverminderung lassen sich Punkte auffinden, die sich von ihrer Umgebung unterscheiden und deshalb für die Korrespondenzpunktsuche geeignet sind. Wenn für jeden der 1000 auffälligsten Bildpunkte nur der Bildpunkt selber sowie jeweils zwei Punkte links und rechts davon übertragen werden, entspricht dies einer Datenreduktion um den Faktor 100–200.

3.2 Rektifikation

Die Rekonstruktion der 3D-Information beruht auf der Suche nach Korrespondenzpunkten und der Auswertung ihrer Verschiebung (Disparität) zueinander. Im allgemeinen Fall muss hierbei für jeden zu untersuchenden Punkt im Bild der einen Kamera das gesamte Bild der zweiten Kamera durchsucht werden. Dieses Vorgehen ist sehr aufwändig, daher beschränkt man die Suche auf die entsprechende Epipolarlinie, also die Linie, auf der der Korrespondenzpunkt in Abhängigkeit vom Objektabstand wandert. Eine weitere Vereinfachung bietet die Rektifikation. Dabei wird entweder durch eine Bildtransformation oder durch eine spezielle Ausrichtung der Kameras erreicht, dass die Epipolarlinien mit den Bildzeilen zusammenfallen.

Die PTU ist so konstruiert, dass eine manuelle Feineinstellung der Kameras möglich ist; dementsprechend ist angestrebt, die Rektifikation hardwareseitig durchzuführen. Sollte dieser Ansatz nicht zum Erfolg führen, ist eine Bildtransformation im Bildverarbeitungsrechner erforderlich. Aber auch in diesem Fall ist eine möglichst gute Ausrichtung der Kameras sinnvoll, da sich auf diese Weise die in Abschnitt 3.1 erwähnte Hochpassfilterung auf eine eindimensionale Hochpassfilterung reduzieren lässt.

3.3 Korrespondenzpunktsuche und 3D-Rekonstruktion

Für die vorbereiteten und ggf. rektifizierten Bilder wird nun ein Disparitätsbild erstellt. Dazu werden in den übertragenen Bilddaten korrespondierende Bereiche gesucht. Auf das genaue Vorgehen kann hier aufgrund der Vielzahl der Verfahren nicht näher eingegangen werden. Unter Berücksichtigung der Abbildungsgleichungen der beiden Kameras sowie deren genauer Position und Orientierung lässt sich aus jedem Korrespondenzpunktepaar ein Punkt im dreidimensionalen Raum rekonstruieren.

3.4 Umweltrepräsentation

Die nähere Umgebung des Roboters wird durch ein Oberflächennetz angenähert, dessen Stützstellen die ermittelten 3D-Punkte sind. Dabei ist es wichtig, Flächen mit (hinreichend) parallelen Normalenvektoren zusammenzufassen oder als zusammengehörig zu kennzeichnen, weil diese in der anschließenden Trittflächensuche als eine Einheit angesehen werden müssen.

3.5 Trittflächensuche und Schrittsequenzplaner

Ziel der Trittflächensuche ist es, betretbare Flächen zu finden. Als betretbar gilt eine Fläche unter den folgenden Voraussetzungen:

Größe: groß genug, um den Fuß aufzunehmen,
Neigung: nur leicht geneigt, damit der Fuß nicht ins Rutschen kommt,
Nähe: Reichweite des Roboters (kinematische Beschränkungen),
Erreichbarkeit: eine Behinderung durch zu hohe Hindernisse.

Die Schrittsequenzplanung erfolgt nach einem Optimierungskriterium, das einen Kompromiss zwischen der gewünschten Laufrichtung und der Güte der Trittfläche herstellt. Dabei wird ausgehend von der gewünschten Fußposition nach einer geeigneten Trittflächegesucht. Die Online-Schrittsequenzplanung stellt einen kritischen Punkt in der visuell geführten Robotersteuerung dar, da die Dauer der Suche i.A. nicht determiniert ist. Unter Umständen ist es nötig, mit einer bereits gefundenen, aber suboptimalen Lösung weiterzuarbeiten, wenn die Suche nicht rechtzeitig abgeschlossen ist. Weiterhin muss ein Notfallmechanismus vorgesehen sein für den Fall, dass der Schrittsequenzplaner zum geforderten Zeitpunkt überhaupt noch keine Lösung gefunden hat. Hierfür ist es sinnvoll, einen „Point of no return" zu definieren, bis zu dem der Roboter notfalls einen statisch stabilen Zustand annehmen kann, in dem er verharrt, bis eine Lösung gefunden ist.

Bei den in [6] beschriebenen Experimenten hat es sich als sinnvoll erwiesen, mit dem Schrittsequenzplaner die nächsten drei Schritte vorauszuplanen. So hat der Roboter die Möglichkeit, rechtzeitig die Schrittlänge anzupassen um sich optimal vor einem Hindernis zu positionieren.

4 Ausblick

Das beschriebene Konzept wird zurzeit in einem Stereokamerasystem für den zweibeinigen Roboter LISA umgesetzt. Erste Testmessungen im Rahmen der Kamerakalibrierung lassen eine Genauigkeit der 3D-Punktbestimmung im Bereich weniger Zentimeter erwarten. Weitere Tests werden zeigen, wie zuverlässig die vorgestellten Verfahren arbeiten und welche Abtastrate sich mit der gegebenen Hardware realisieren lässt.

Während hier nur eine Unterstützung der Bildverarbeitung durch die IMU beschrieben wurde, ist auch der umgekehrte Weg sinnvoll, indem die Driftneigung der IMU durch optische Referenzmessungen ausgeglichen wird.

Soll der Roboter zusätzlich zur Navigation auch gezielt mit seiner Umgebung interagieren, bietet es sich an, das vorgestellte Verfahren mit dem modell-/ objektbasierten Ansatz der Umgebungserfassung zu kombinieren.

Literaturverzeichnis

1. Lorch, O.: Beiträge zur visuellen Führung zweibeiniger Roboter in einem strukturierten Szenario. Fortschr.-Ber. VDI, Reihe 8, Nr. 1002 (2003)
2. Patla, A. E., Vickers, J. N.: Where and when do we look as we approach and step over obstacles in the travel path. NeuroReport, 8(17): 3661–3665 (1997)
3. Tsai, R. Y.: A versatile camera calibration technique for high accuracy 3-D machine vision metrology using off the shelf TV cameras and lenses. IEEE Journal of Robotics and Automation 3(4): 323–344 (1987)
4. Strasser, R., Seebode, M., Albert, A., Gerth, W.: Extrem kompaktes SoC-Konzept eines Gleichgewichtsorganes für einen Laufroboter. Informatik aktuell: Verteilte Echtzeitsysteme, PEARL2003: 49–58, Springer (2003)
5. Wöhrmann, M.: Studienarbeit: Aufbau, Inbetriebnahme und Verifikation eines kompakten Inertialsensors für autonome Roboter, unveröffentlicht, IRT, Univ. Hannover (2005)

6. Lorch, O., Albert, A., Denk, J., Gerecke, M., Cupec, R., Seara, J. F., Gerth, W., Schmidt, G.: Experiments in vision-guided biped walking. IEEE/RSJ Int. Conf. on Intelligent Robots and Systems EPFL, Lausanne, Schweiz, 2484–2490 (2002)
7. Jähne, B.: Digitale Bildverarbeitung, 6., überarb. u. erw. Auflage, Springer (2005)

Vernetzung von Windenergieanlagen als Basis eines modernen Windparkmanagements

Dr. Wolfgang Kabatzke

NORDEX Energy GmbH, Bornbarch 2, D – 22848 Norderstedt

1 Das Management moderner Windfarmen

Für jedes Windparkprojekt ist es heute ein Muss, die ökonomische Performance des Gesamtsystems zu optimieren.

Um die immer komplexer werdenden Netzanschlussrichtlinien erfüllen zu können, werden Windfarmmanagementsysteme (WFM), teilweise um diverse Regelungsfunktionen erweitert, geschaffen.

Das WFM – System ist zur Installation am Übergabepunkt zum Energieversorgungsunternehmen (EVU), d.h. in Nähe der Mittelspannungsverteilung vorgesehen. Es verarbeitet die Messwerte vom Übergabepunkt auf der Mittelspannungsebene wie z.B. Spannung, Strom, Leistung und Frequenz. Die einzelnen Windenergieanlagen (WEA) im Windpark werden so geregelt, dass die vom EVU vorgegebenen Sollwerte am Übergabepunkt garantiert eingehalten werden. Neben der Regelung bietet das WFM auch Begrenzungen für Wirk- und Scheinleistung, falls der Windpark nicht zu 100 % ausgelastet werden soll. Das WFM kann zusätzlich über analoge und digitale Schnittstellen z.B. zum EVU eingerichtet werden. So kann der Windpark in das überregionale Energiemanagement des EVU direkt eingebunden werden.

2 Die Hardware- und Softwarebasis für moderne Windparkmanagementsysteme

Die genannten Anforderungen lassen sich mit einzelnen WEA nur schwerlich umsetzen, zumal sich die Energieversorgungsunternehmen z.B. nur an zentrale Einspeise- und Datenpunkte orientieren, nicht an der einzelnen WEA. Die modernen Technologien und Methoden der Datenvernetzung von WEA bieten hier immense Möglichkeiten aktive Windfarmen zu planen und zu gestalten.

Dem Windfarmmanagement werden hohe zeitliche Forderungen abverlangt. Speziell bei Reaktionen auf Ereignisse im unteren ms-Bereich, insbesondere Spannungseinbrüchen, muss Rechnung getragen werden, sollen die einzelnen WEA zusätzlich von WFM effektiv geschützt und überwacht werden (siehe 3.1).

Daneben lassen sich WFM-Systeme mit Aufgaben erweitern, die der Datengewinnung und der Qualitätssicherung dienen.

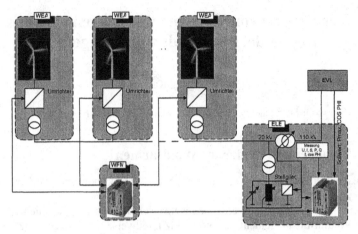

Abb. 1. schematische Struktur eines übergeordneten Windfarmmanagements (WFM)

2.1 Die Aufgaben moderner Windfarmmanagementsysteme im Detail

Die Aufgaben eines komplexen Windparkmanagementsystems müssen vor einer Umsetzung in Hardware und Software spezifiziert und klassifiziert werden.

Wie in der Abb. 1 dargestellt ist sind zum Tätig werden eines WFM zusätzliche Komponenten notwendig:

- in Form der WEA (Energieerzeugung etc.)
- in der Anbindung zum EVU (ELE – electric system)
- als WFM (eigentliche Windparkmanagementkomponente)

Tabelle 1: Die Komponenten WEA, ELE und WFM mit ihren Aufgaben in einem Windpark

WEA	ELE	WFM
Leistungsregelung	Messungen: U, I, S, P,Q, cosφ	Stoppen und Starten von WEA
Blindleistungsregelung	Schnittstelle zum EVU	Leistungsbegrenzung
Frequenzabhängige Leistungs- begrenzung	Steuerung externer Blind- leistungskomponenten	Blindleistungsregelung
Abschaltung bei Netzfehlern	Kundenspezifische Abschaltungen	Stelltrafo, Kondensator-Bank
	Maßnahmepaket zum Abfangen von Störfällen	

2.1.1 Load on/off Demand

Dieser Prozess dient zum gestaffelten Ein- bzw. Ausschalten der WEA eines Windparks. Über das WFM können selektierte Anlagen zentral gesteuert an- bzw. abgeschaltet werden. Hierbei gibt es mehrere Bedienmöglichkeiten. Zum einen sollen die Anlagen manuell bzw. automatisch gesteuert werden, zum anderen können die Anlagen gleichzeitig bzw. gestaffelt gesteuert werden.

Maßgeblich für diese Funktion sind die durch die Netzbetreiber vorgegebenen Richtlinien und Vorschriften. Exemplarisch sind hier z.B. die Vorschriften nach e.ON (Deutschland) zu nennen.

Zusätzlich obliegen einem WFM sicherheitsrelevante Überwachungsaufgaben, die sehr hohe zeitliche Anforderungen an das Parkkommunikationskonzept stellen. So müssen z.B. bei Windparks, die konform den e.ON-Gridcodes sind, Überwachungen laufen, die auf 5% Spannungshöhe von U_{nenn} und mit maximalen Verzugszeiten von 100ms reagieren können.

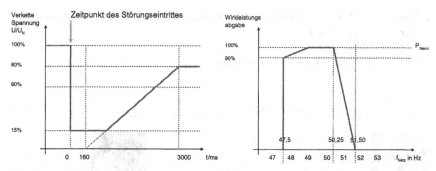

Abb. 2. Der Windpark: Verhalten bei Störung im Netz und frequenzbedingter Leistungsbegrenzung – Wirkleistungsabgabe in Abhängigkeit von der Netzfrequenz (quasistationäre Betrachtung, d. h. Frequenzgradient <= 0,5 %/min) (Quelle: e.ON)

2.1.2 Leistungsbegrenzung

Das WFM soll eine Regelung zur Leistungsbegrenzung enthalten. Mit Hilfe dieser Leistungsbegrenzung soll z.B. eine Überlastung des Einspeisepunktes verhindert werden. Das WFM ist damit in der Lage, mit Hilfe der bereitgestellten Anlagen-Daten, einzelne Anlagen zu-/abzuschalten bzw. die Leistung aller Anlagen zu reduzieren. Diese Zu- bzw. Abschaltung wird über eine Hysterese mit Zeitsteuerung realisiert. Die Vorgaben der Soll-Leistung kommen aus 2 Quellen:

- das zentrale B&B-System des Windparks
- als zentrale Vorgabe vom Netzbetreiber.

Wie in der Abb. 2 dargestellt wird, sind hier restriktive Vorgaben zu erfüllen. Es gibt in der Praxis der Netzbetreiber, die Absenkungsraten bei Fehlfrequenzen z.B. von 10%/0,1 Hz bzw. auch konstante Rampen von bis zu 20% / sec vorschreiben.

2.1.3 Anlagenstopp

Der Anlagenstopp ist eng verkoppelt mit den Funktionen „Leistungsbegrenzung" und „Load on/off Demand". Insbesondere wenn Windparks heruntergefahren sind und wieder angefahren werden müssen sind auch hier die Vorgaben der Netzbetreiber unbedingt zu beachten. Des Weiteren tritt diese Funktion in Kraft wenn Windparks bei Starkwind in den Vorgabetoleranzen gefahren werden müssen.

2.1.4 Blindleistungsbereitstellung

Nach heutigen und zukünftigen Richtlinien ist es notwendig Blindleistungskompensation bzw. Blindleistungssteuerung zu betreiben. Hierbei kann der Netzbetreiber über mitverlegte Leitungen bis zum Aufschaltpunkt des Windparks einen 4-20mA Sollwert vorgeben. Der Blindleistungswert ist am Netzanschlusspunkt zu messen.

3 Die Einheit von WFM und WEA in Hardware und Software

3.1 Steuerung, Regelung, Betriebsführung einer WEA im Windparkverbund – der realisierte Stand

3.1.1 Die Definition der Aufgabenstellung

bis zu
mehrere km

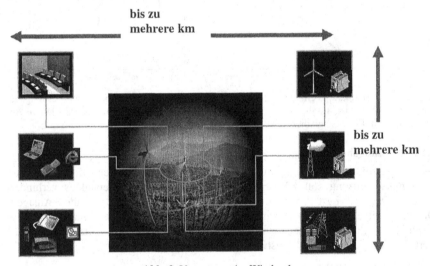

bis zu
mehrere km

Abb. 3. Vernetzung im Windpark

Die Aufgaben der Leistungs- und Blindleistungsregelung können vom WFM problemlos übernommen werden. Das WFM kommuniziert in einem Windpark mit den WEA über ein Kommunikationsnetz.Bedingt durch die flächenmäßige Ausdehnungsmöglichkeit eines Windparks ist hier nur Ethernet auf der Basis von Lichtwellenleitertechnologie kostengünstig einsetzbar (TCP/IP, 100 MBit/s, siehe Abb. 3).

Auch dem Medium Ethernet sind Grenzen gesetzt. Insbesondere die Anforderungen der EVU:

- Spannungssteigerungsschutz   auf 110%   <= 100ms
- Spannungsrückgangschutz   auf 80%   in max 3–5 sec
- Frequenzanstiegschutz   über 51.5 Hz   <= 200ms
- Frequenzrückgangschutz   unter 47,5 Hz   <= 200ms

machen besondere Konstrukte am WFM, aber auch in den WEA notwendig. Ethernet in der Standardausprägung ist nicht deterministisch. Die zu garantierenden maximalen Verzugszeiten können nicht garantiert werden. Weiterhin befinden sich die aktiven Elemente einer WEA, die auf Anforderungen des WFM reagieren müssen, in der WEA gekapselt durch das WEA-interne Bussystem. Hier ergeben sich zwangsweise verlängerte Datenwege und Verzögerungen, da die Steuerung die Daten aus dem Datenstrom des WFM herausfiltern muss, umsetzen muss und schnellstmöglich an die Komponenten der WEA bringen muss. Alleine durch die verwendeten Prozessbusse können mehrere 10ms Verzögerungszeiten entstehen. Beim Interbus sind unter worst-case-Bedingungen Hin- und Rücklaufzeiten von bis zu 120 ms ermittelt worden. Diese Zeiten sind aus der Sicht eines EVU nicht akzeptabel.

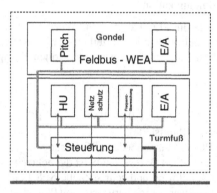

Industrial Ethernet – Windpark und WFM

Abb. 4. Eine WEA aus der Sicht des Windparkmanagements in WFM-relevanten Komponenten dargestellt

Um die harten Anforderungen erfüllen zu können, sind Aufgaben des WFM in die WEA verlagert worden. Die betrifft folgende Aufgaben:

Spannungssteigerungsschutz, Spannungsrückgangschutz
Frequenzanstiegschutz, Frequenzrückgangschutz

Die Struktur einer WEA mit Modifikationen zur Realisierung EVU-konformer Windparks lässt sich wie in Abb. 4 dargestellt beschreiben.

3.1.2 Eine Steuerung für ein WFM – welches Steuerungssystem ist einsetzbar?

Bei der Auswahl der Hardware und Software für Betriebssteuerung und Regelung wurden folgende Kriterien angesetzt:

- Realisierung einer komplexen taskorientierten Steuerung und Regelung mit folgenden Anforderungen:
  - o Task-Modell
    - Zyklische Tasks (basierend auf einem preemptiven Realtime-OS), Priorität definierbar, Anwendung: zyklischer Datenverkehr mit den WEA

- Ereignis-Tasks zur Auslösung von Reaktionen aus Ereignisse aus der Hardware, Anwendung: Anlagenschutz
- System-Tasks zur Überwachung des Laufes der Steuerung (Start, Stopp) und zur Überwachung der Steuerung auf fehlerhafte Ergebnisse, Anwendung: Systemüberwachung
  o Minimalforderung für die zyklische Task(s) – 10ms-Aufrufintervall
    - absolut strenge Einhaltung der Aufrufzeitintervalle
- Die Programmierung soll mittels einer IEC6113-kompatiblen Programmierumgebung erfolgen. Zusätzlich steht die Forderung, dass diese Programmierumgebung kompatibel zur WEA-Programmierung sein muss.
- Ethernet-Interface auf der CPU der Steuerung fest integriert, wichtig für die WFM – WEA – Kommunikation

Bei der Auswahl wurde die PLC-Familie „PC Worx – Klasse 400" von Phoenix-Contact gewählt. Als ausschlaggebender Vorteil bei der Hardware-Auswahl wurde die integrierte Ethernet-Schnittstelle angesehen mit der vollen Kompatibilität zur WEA-PLC.

Merkmale:
- Typ: Remote Field Controller (RFC, Embedded PC mit Prozessbusinterface Interbus und Ethernetschnittstelle),
- Hardwarestandard PC/104 für Embedded PC-Lösungen,
- Software-PLC für IEC 61131-3: ProConOS ist das echtzeit- und multitaskingfähige, weitgehend IEC-konforme und sehr schnelle SPS-Laufzeitsystem (von KW-Software, www.kw-software.com), vertrieben von Phoenix-Contact unter PC Worx (http://www.phoenixcontact.com/de/index_1024.htm), programmierbar in in den 5 Standard-Programmiersprachen nach IEC 61131-3.
- Prozessbus-Anschaltung für dezentrale Ein-/Ausgabe der Sensorik / Aktorik,
- unterlagertes Echtzeitbetriebssystem VxWorks speziell für Embedded Systems,
- Kopplung zum Visualisierungssystem über Ethernet, TCP/IP, OPC.

Die Soft-PLC ProConOS ist für mehrere Betriebssystemplattformen verfügbar. Speziell für Rechnersteuerungen auf der Basis Intel X86 sind verfügbar. Wegen der Kompatbilität zur WEA-PLC wird die Variante auf der Basis **VxWorks** auch hier genutzt.

Die Version mit VxWorks ist speziell für Anwendungen im Bereich Embedded Systems und Embedded PC entwickelt worden (als **ProConOS® Embedded** – die echtzeitfähige Lösung für Embedded-Systems), da hier bei begrenzten Ressourcen mit kompakten und angepassten Realtime-Kernels die geforderten Anforderungen umsetzbar sind.

Mit der Wahl dieser Steuerung war das Prozessbus-Systems vorgegeben: Interbus. Es sind aber jederzeit auch andere Bussysteme denkbar, sofern die Steuerung diese unterstützt.

3.1.3 Die Steuerung und die Anpassung an die realen Gegebenheiten ein einem WFM-gesteuerten Windkraftwerk

Bei der Umsetzung des WEA-/WFM-Konzeption greifen die realen Grenzen der Technik, die sich aus der Konzeption eines zentral überwachten Systems, aufgebaut aus Einzelkomponenten, ergeben. Dies sind folgende Punkte:

- Frequenzüberwachung und Netzschutz
- Abschaltung des Hauptumrichters / Generators und des Hauptschalters

Diese Aufgaben sind nach diversen praktischen Untersuchungen aus Gründen der Nichtdeterministik der Parkkommunikation (TCP/IP) in die WEA integriert worden. Damit ergibt sich eine realisierte Struktur wie sie in Abb. 4 dargestellt ist. Diese Struktur stellt gegenwärtig einen Kompromiss dar. Zusätzlich bewirkt dieses umgesetzte Konzept:

- erhöhte Kostenaufwendungen für die in jede WEA einzubauenden Schutzkomponenten
  - o Hauptumrichter müssen beim Hersteller als Spezialbazgruppen bestellt und konfiguriert werden
  - o Freizüge Tauschbarkeit und Second-Source-Lieferanten sind nicht ohne Zusatzaufwendungen (Hardware, Software, Testaufwand) umsetzbar
- nach wie vor fehlende direkte Zugriffmöglichkeiten des WFM direkt auf WEA-Komponenten

Das Ziel für Weiterentwicklungen in der direkten Beeinflussung von Komponenten der WEA aus dem WFM. Daher ist der Übergang auf eine neue Technologie, gleichsam für WEA und WFM, notwendig und Ziel der weiterführenden Untersuchungen und Entwicklungen.

3.2 Steuerung, Regelung, Betriebsführung einer WEA im Windparkverbund – ein zukunftsorientierter Lösungsansatz

Aktuelle Entwicklungen, die die Forderung der Anwender nach durchgängigen Netzen von der Prozess- bis zur Leitebene aufgreifen, lassen eine grundlegende Umstrukturierung der WFM-Landschaft, aber auch der WEA greifbar nahe erscheinen. PROFInet ist der offene und herstellerübergreifende Industrial Ethernet Standard für alle Ebenen und Anwendungen in der Automatisierung. Mit PROFInet können einfache dezentrale Feldgeräte sowie zeitkritische Anwendungen genauso in die Ethernet Kommunikation eingebunden werden, wie verteilte Automatisierungssysteme auf der Basis von Komponenten.

Durch die Umsetzung des PROFInet-Komponentenmodell stellt PROFINET auch eine Lösung dar für die anstehenden Aufgaben der Weiterentwicklung der WEA und des WFM. Für die Kommunikation bei PRO-FInet stehen unterschiedliche Leistungsstufen zur Verfügung:

Tabelle 2: Die unterschiedlichen Leistungsstufen von PROFInet

Die zeitunkritische Übertragung von Parametern, Konfigurationsdaten und Verschaltungsinformationen	Die Übertragung von zeitkritischen Prozessdaten innerhalb der Produktionsanlage
• Über den Standardkanal auf Basis von TCP/UDP und IP • Damit Schaffung der Voraussetzungen für die Anbindung der Automatisierungsebene zu anderen Netzen (MES, ERP) .	• Für diese Übertragung steht der Echtzeitkanal Soft Real Time (SRT) zur Verfügung. • Er wird als Software auf Basis neu in die WFM-Landschaft zu integrierender Controller realisiert.

3.2.1 Die Vorteile einer durchgehenden Vernetzung auf der Basis von PROFI-Net – Migrationsstrategien

Die hohe Zahl der bestehenden Feldbus-Systeme erfordert aus Gründen des Investitionsschutzes eine einfache Einbindung dieser Systeme in PROFInet (Migration). Dabei werden folgende Fälle unterschieden:

• Der Anlagenbetreiber (in diesem Falle der Windparkbetreiber) möchte seine vorhandenen Installationen leicht in ein neu zu installierendes PROFInet-System integrieren können.

• Der WEA-Hersteller möchte sein bewährtes und dokumentiertes Gerätespektrum unverändert auch für PROFInet-Automatisierungsprojekte nutzen können. (Abb. 5).

Bei PROFInet stehen zwei Varianten für die Anbindung von Feldbussystemen zur Verfügung:

• die Einbindung von Feldbus-Geräten über Proxies und
• die Einbindung von Feldbusapplikationen.

Der Proxy ist am Ethernet der Stellvertreter für ein oder mehrere Feldbusgeräte. Dieser Stellvertreter sorgt für eine transparente Umsetzung der Kommunikation (keine Tunnelung der Protokolle) zwischen den Netzen. Er leitet z.B. die zyklischen Daten an die Feldbusgeräte transparent weiter.

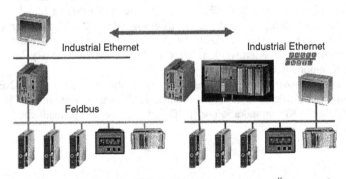

Abb. 5. Eine WEA aus der Sicht des Windparkmanagements beim Übergang der streng getrennten Nutzung von Feldbus und Industrial Ethernet zu den Möglichkeiten mit PROFInet

Im Rahmen des Komponentenmodells kann eine ganze Feldbus-Applikation als PROFInet-Komponente abgebildet werden. Dies ist immer dann von Bedeutung, wenn eine schon vorhandene laufende Anlage durch PROFInet erweitert werden soll. Dabei spielt es keine Rolle, mit welchem Feldbus die Teilanlage automatisiert wurde.

3.2.2 Der Lösungsansatz eines WFM auf der Basis von PROFINet

Abbildung 8 stellt ein Beispiel für eine modular aufgebautes WFM-/WEA-System dar. dar. Die WEA aus den zwei Hauptmodulen in der Gondel und im Turmfuß. Diese zwei Module nehmen alle notwendigen Schritte der Gesamtapplikation auf. Dieses Beispiel zeigt zum einen die unabhängige Koexistenz von einem Feldbus und PRO-FInet in dem WFM-/WEA-System. Zum anderen wird hier die einfache Integration von bereits vorhandenen WEA deutlich.

In diesem Beispiel wird angenommen, dass das Feldbus-System (Pitch, E/A) weiterhin genutzt werden soll, die Einheiten Hauptumrichter und Netzschutz sollen dagegen auf Basis von PROFInet erneuert bzw. erweitert werden.

Die Unabhängigkeit der Kommunikationsvorgänge sowie die Proxy-Technologie ermöglichen es, dass das bereits vorhandene Feldbus-System unverändert genutzt werden kann. Lediglich die Kommunikationsbeziehungen zwischen den Komponenten müssen beim Engineering der neuen WEA-/WFM-Komponenten verschaltet werden. Es ist lediglich die Steuerung, die für das Feldbus-System verantwortlich ist, um ein Ethernet-Modul (Hardware und Software) und um die Proxy-Funktionalität (Software) zu erweitern.

Die Proxy-Funktion sorgt dafür, dass die PROFInet-spezifische Sichtweise als technologisches Modul in der Steuerung gekapselt bleibt. Nach unten zum Feldbus laufen alle Vorgänge wie bisher ab.

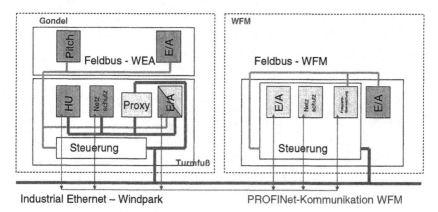

Abb. 6. Die Beziehungen von WEA und WFM bei Nutzung von PROFInet – ein erster Ansatz

4 Zusammenfassung

PROFINet als ein zukunftsorientiertes Vernetzungskonzept bietet die Chance der Gestaltung neuartiger WFM- und WEA-Konzepte. Hierbei wird erstmalig das Thema Kommunikation und Datenaustausch für die Steuerung auf ein Niveau gehoben, das bisher nur mit großen Aufwendungen im Bereich der Hardware und Software erkauft wurde. Weiterhin wird durch dieses Konzept der Übergang von der anlagenbezogenen Sichtweise hin zu einer windparkbezogenen Komponenten- bzw. Applikationssichtweise möglich. Derartige Ansätze sind konsequent, weil sie den Weg der hardwareunabhängigen Betrachtungsweise vorantreiben. Damit wird die Forderung nach weiter steigenden Anteilen wieder verwertbarer Software forciert.

Erste Produkte aus der Automatisierungsindustrie zu PROFInet liegen vor. Nun muss Alles daran gesetzt werden, dass diese innovativen Ideen innerhalb der kürzesten Zeit auch in der Windenergiebranche Einzug halten können.

Literaturverzeichnis

1. Kabatzke, W.: Automatisierungssysteme auf der Basis Embedded Systems am Beispiel der Steuerung einer modernen Windenergieanlage, PEARL 2004, Tagungsband
2. PROFInet – der offene Industrial Ethernet Standard für die Automatisierung, Siemens AG, A&D, 2004
3. PROFInet – Technologie und Anwendunge, Profibus International, PNO, 11/2003

Grundlagen

Neuaufsetzen im laufenden Betrieb nach Fehlereintritt in redundanten Echtzeitsystemen

Martin Skambraks

Fachbereich Elektrotechnik und Informationstechnik, FernUniversität, 58084 Hagen

E-mail: martin.skambraks@fernuni-hagen.de

Zusammenfassung: Werden programmierbare elektronische Systeme(PES) in sicherheitskritischen Echtzeitanwendungen eingesetzt, die nicht zu jedem beliebigen Zeitpunkt unverzüglich in einen sicheren Zustand überführt werden können, so ist ein besonderes Maß an Fehlertoleranz notwendig. Üblicherweise werden hierzu nicht nur die PESe selbst redundant konfiguriert, sondern es werden zusätzlich auch innerhalb eines jeden PES redundante Verarbeitungsstrukturen realisiert. Stattdessen kann allerdings auch das Ziel verfolgt werden, die Systeme so auszulegen, daß die aufgrund transienter Störungen in einen fehlerhaften Zustand gelangten PES-Einheiten in der Lage sind, den internen Zustand redundanter Einheiten zur Laufzeit zu kopieren und zu einem Zeitpunkt, an dem Zustandsäquivalenz vorliegt – wieder in den laufenden Betrieb der redundanten Konfiguration einzutreten. Dieser Artikel erläutert die mit dem „Neuaufsetzens im laufenden Betrieb" verbundenen Probleme, diskutiert die Vor- und Nachteile existierender Techniken und stellt ein Konzept zur schaltungstechnischen Implementierung vor.

1 Einleitung

Viele Echtzeitanwendungen lassen sich im laufenden Betrieb nicht oder nur mit unzumutbar hohem Aufwand kurzfristig unterbrechen. Als Beispiel sei hier die Steuerelektronik eines Flugzeugs genannt, die nur am Boden abgeschaltet werden kann. Fällt in einer redundanten Konfiguration von PES-Einheiten während einer nicht unterbrechbaren Betriebsphase eine einzelne Einheit aus, so beeinträchtigt die damit verbundene Verringerung der Redundanz die Sicherheit des Gesamtsystems. Die Behebung eines solchen Ausfalls im laufenden Betrieb ist allerdings problematisch, da PESe nicht ohne weiteres ausgetauscht oder neu gestartet werden können. So können selbst schnell behebbare Ausfallursachen bzw. kurzzeitige Störungen, die ein PES in einen fehlerhaften Zustand versetzen, zu einer wesentlich länger andauernden Beeinträchtigung der Sicherheit führen. Diese Problematik gewinnt zunehmend an Bedeutung, da mit wachsender Integrationsdichte die Empfindlichkeit gegenüber vorübergehenden Störbeeinflussungen, wie z.B. elektromagnetische Wellen oder Alpha-Teilchen, steigt.

Dieser Sicherheitsproblematik wird vielfach begegnet, indem die Anzahl verwendeter redundanter PES-Einheiten so hoch gewählt wird, daß die Wahrscheinlichkeit, mit der innerhalb einer ununterbrechbaren Betriebsphase so viele Einheiten ausfallen, daß der Betrieb nicht aufrecht erhalten werden kann, unterhalb des tolerierbaren

Grenzrisikos liegt. Um die Anzahl der hierfür notwendigen PESe auf ein vertretbares Maß zu reduzieren, werden deren interne Verarbeitungsstrukturen ebenfalls redundant ausgelegt und so die Wahrscheinlichkeit des vollständigen Ausfalls einer einzelnen PES-Einheit minimiert (vgl. z.B. [10]). Die Systemverfügbarkeit läßt sich allerdings auch erhöhen, indem die PES-Einheiten einer redundanten Konfiguration so ausgelegt werden, daß ein aufgrund transienter Störungen in einen fehlerhaften Zustand gelangtes PES neu gestartet werden kann, ohne den Echtzeitbetrieb dafür unterbrechen zu müssen.

Dieser Ansatz – nachfolgend mit *„Neuaufsetzten im laufenden Betrieb"* bezeichnet – bietet verschiedene Vorzüge und ist Gegenstand des vorliegenden Artikels. Zunächst werden die Probleme erläutert, die Neuaufsetzen insbesondere für Echtzeitsysteme bereitet. Existierende Konzepte werden im dritten Abschnitt diskutiert. Im vierten Abschnitt wird ein neuartiges Konzept vorgestellt, welches aufgrund seiner Hardware-Implementierung in Form einer digitalen Logikschaltung besondere Vorteile bietet. Schließlich werden zusammenfassend der Stand der Arbeiten und weitere Vorhaben genannt.

2 Neuaufsetzen im laufenden Betrieb

Neuaufsetzten im laufenden Betrieb, im Englischen oft mit *Roll-Forward Recovery* bzw. *State Restoration* bezeichnet, verlangt eine redundante Konfiguration mehrerer PES-Einheiten. Jede PES-Einheit muß in der Lage sein,

- durch Vergleich der eigenen Verarbeitungsergebnisse mit denen der redundanten PES-Einheiten Verarbeitungsfehler zu erkennen,
- im Falle eines Verarbeitungsfehlers aus der redundanten Konfiguration auszutreten und den internen Zustand der redundanten Einheiten zur Laufzeit zu kopieren und
- zu einem Zeitpunkt, an dem Zustandsäquivalenz vorliegt, wieder in den laufenden Betrieb der redundanten Konfiguration einzutreten.

Dieser Ansatz deckt alle durch vorübergehende Störungen verursachten Ausfallarten ab und ermöglicht den Austausch defekter PES-Einheiten zur Laufzeit. Die Problematik besteht darin, daß, während ein PES seinen internen Zustand an den laufender PES-Einheiten angleicht, letztere ihren Zustand fortlaufend ändern. In vielen IT-Systemen, wie z.B. Festplatten-RAIDs [7], ist dieses Problem bereits gelöst; die angewandten Methoden werden den Anforderungen an PES für Echtzeitanwendungen allerdings nur bedingt gerecht.

Bei Echtzeitsystemen lassen sich die Datenänderungen, die für das Kopieren des internen Zustandes zur Laufzeit von besonderer Bedeutung sind, in zwei Kategorien einteilen: *programmgesteuerte Datenmodifikationen (PDM)* und *ereignisgesteuerte Datenmodifikationen (EDM)*.

Zu den PDM zählen alle Datenänderungen, die die Anwendungs-Software während ihrer Ausführung veranlaßt. Das hierdurch hervorgerufene Datenvolumen läßt sich leicht begrenzen, indem z.B. in einem vorgegebenen Zeitintervall maximal eine bestimmte Anzahl schreibender Speicherzugriffe zugelassen wird. Entsprechende Compiler-Direktiven lassen sich leicht realisieren. Die Begrenzung auf einen Wert, der eine kontinuierliche Übertragung der Datenänderungen an redundante Einheiten zuläßt, schränkt zwar die Rechenleistung stark ein, mit modernen Übertragungsmedien sind allerdings Rechenleistungen realisierbar, die praktisch allen hochsicherheitskritischen Anwendungen genügen.

Das durch EDM hervorgerufene Datenvolumen läßt sich demgegenüber nicht so leicht auf einen maximal zulässigen Wert begrenzen. Da digitale Systeme stets zeitlich diskret arbeiten, können mehrere Ereignisse quasi gleichzeitig auftreten. Zudem kann ein einzelnes internes bzw. externes Ereignis – im Vergleich zum programmgesteuerten Fall – eine relativ große Anzahl an Datenänderungen binnen extrem kurzer Zeit veranlassen. Beispielsweise können durch ein einziges Ereignis prinzipiell alle Tasks der Anwendungs-Software gleichzeitig aktiviert werden. Wird für jede Task der Aktivierungszeitpunkt gespeichert, so liegt eine große Anzahl an Datenänderungen vor. Eine Begrenzung der Häufigkeit von Schreibzugriffen würde hier die minimal realisierbare Antwortzeit stark einschränken. Die Fähigkeit zur unmittelbaren Übertragung aller mit den EDM verbundenen Informationen verlangt entweder eine für sicherheitsrelevante Komponenten unrealistisch hohe Bandbreite oder schränkt die erreichbare Rechenleistung auf ein unzulängliches Maß ein. Daher müssen in einem Echtzeit-PES, welches sowohl eine praxistaugliche Rechenleistung liefert als auch kürzeste Reaktionszeiten zu garantieren vermag, aufwendigere Verfahren eingesetzt werden, um den internen Zustand eines anderen Echtzeit-PES zur Laufzeit kopieren zu können.

3 Existierende Verfahren

Die Techniken zur Wiederherstellung des Systemszustandes im laufenden Betrieb lassen sich in hardware- und software-basierte Verfahren einteilen. Bedauerlicherweise sind die in der Literatur beschriebenen Techniken stets sehr anwendungsspezifisch [3]; insbesondere die hardware-basierten.

Zu den bekanntesten hardware-basierten Verfahren gehört das in [1], [2] und [8] vorgestellte, welches am *Charles Stark Draper Laboratory* entwickelt wurde. Das Verfahren geht von einem zyklisch arbeitenden Rechensystem aus. Mit Hilfe einer Speicherzugriffslogik werden spezielle Zugriffssignaturen gebildet, die in einem separaten Speicher abgelegt werden. Durch Vergleich mit den Signaturen des vorhergehenden Zyklusses können die geänderten Datenworte bestimmt werden. Eine hierarchische Ordnung der Signaturen verringert den Rechenaufwand und beschleunigt so die Bestimmung der geänderten Datenworte.

Treten in einer Recheneinheit Verarbeitungsfehler auf, so können die fehlerhaften Datenworte unmittelbar – d.h. noch im selben Verarbeitungszyklus – bestimmt und von den redundanten Recheneinheiten an die fehlerhafte Einheit übertragen werden *One Shot Recovery*. Ist dies nicht möglich, da z.B. die Anzahl fehlerhafter Datenworte deren Übertragung in einem einzigen Zyklus nicht zuläßt, so kann das Signaturverfahren zur inkrementellen Wiederherstellung eingesetzt werden. Dabei werden in jedem Zyklus die veränderten Datenworte bestimmt und von den redundanten Recheneinheiten an die fehlerhafte Einheit übertragen. In der verbleibenden Zeit werden die restlichen Datenworte inkrementell in aufeinanderfolgenden Zyklen übertragen (*Incremental Recovery*).

Der Vorteil dieses Verfahren ist der geringe Einfluß auf die Anwendungs-Software. Die Beschränkung auf eine zyklische Programmausführung ist vertretbar, da diese Arbeitsweise aufgrund ihrer Vorteile hinsichtlich einer Sicherheitszertifizierung [9] in vielen sicherheitskritischen Anwendungen angewandt wird. Nachteilig ist jedoch, daß die geänderten Datenworte am Ende eines Zyklusses erst durch einen Vergleich bestimmt werden müssen. Eine Zugriffslogik, die lediglich die Adressen der in einem Zyklus auftretenden schreibenden Zugriffe zwischenspeichert, ist sicherlich leichter und mit geringerem schaltungstechnischen Aufwand realisierbar.

Einige software-basierte Wiederherstellungsverfahren, wie z.B. die in [4] und [6] beschriebenen, sind an das klassische Konzept der Wiederherstellungsblöcke angelehnt, welches in [5] erstmals vorgestellt wurde. Das in [4] vorgestellte Wiederherstellungsverfahren basiert ebenfalls auf zyklischer Programmausführung, wobei allerdings zwischen Haupt- und Nebenzyklen unterschieden wird. Die Dauer eines Nebenzyklusses ist ein ganzzahliger Teiler der Hauptzykluszeit und die Nebenzyklen beginnen synchron mit dem Hauptzyklus. Jeder Rechenprozeß ist einem Nebenzyklus oder dem Hauptzyklus zugeteilt. Gegen Bearbeitungsende speichert ein Rechenprozeß wesentliche Wiederherstellungsdaten ab. Tritt bei der nächsten Bearbeitung dieses Rechenprozesses ein Verarbeitungfehler auf, so wird mit den Wiederherstellungsdaten ein Neustart dieses Rechenprozesses veranlaßt. Die zyklisch synchrone Arbeitsweise ermöglicht dabei die Berücksichtigung von Datenabhängigkeiten (bzw. Präzendenzrelationen).

Der Vorteil dieser an Wiederherstellungsblöcke angelehnten Verfahren ist, daß die Wiederherstellung vollständig PES-intern abläuft. Es müssen hierzu keine Daten zwischen redundanten PES-Einheiten übertragen werden. Dies reduziert den Hardware-Aufwand und vermeidet die Abhängigkeit der Rechenleistung von der Übertragungsbandbreite. Nachteilig ist jedoch, daß nur einzelne Verarbeitungsfehler korrigierbar sind. Eine vollständige Wiederherstellung des Systemzustandes, wie er z.B. beim Komponentenaustausch im laufenden Betrieb notwendig ist, ist nicht möglich. Auch wenn die wesentlichen Funktionen zur Verwaltung der Rechenprozesse unverfälschbar in ROM-Speichern abgelegt sind, können bei deren Bearbeitung prozessorintern nicht korrigierbare Verarbeitungsfehler auftreten. Darüber hinaus ist nicht jeder Fehler erkennbar und der Fall, daß die fehlerhafte Ausführung eines Rechenprozesses den Datenbereich eines anderen Prozesses verfälscht, bleibt unberücksichtigt. Dieses Konzept deckt daher nicht alle möglichen Verarbeitungsfehler ab und ist somit für höchst sicherheitskritische Anwendungen ungeeignet.

Bei den beiden in [3] vorgestellten software-basierten Wiederherstellungsverfahren wird ebenfalls zyklische Verarbeitung vorausgesetzt. Eine von einem Verarbeitungsfehler betroffene PES-Einheit wird in jedem Fall neu gestartet, woraufhin der Systemzustand von den redundanten Einheiten kopiert wird. Bei der ersten Variante werden in jedem Zyklus die aktuellen Datenänderungen und in mehreren aufeinanderfolgenden Zyklen der gesamte Datenspeicher inkrementell übertragen. Bei der zweiten Variante werden alle Datenworte mit einem Kennzeichnungsbit versehen; nur wenn das Bit gesetzt ist, wird das zugehörige Wort an die fehlerhafte Einheit übertragen. Das Bit wird bei einer Datenänderung gesetzt; bei Übertragung des Datenwortes an die fehlerhafte Einheit wird es zurückgesetzt. Der Wiederherstellungsvorgang ist abgeschlossen, wenn alle Kennzeichnungsbits zurückgesetzt sind.

Die erste Variante verlangt einen geringeren Implementierungsaufwand und führt die Wiederherstellung innerhalb einer festen Zeitspanne durch. Deren software-technische Realisierung birgt jedoch den Nachteil, daß die inkrementelle Übertragung nicht parallel zur Programmausführung vollzogen werden kann. Die zweite Variante benötigt bei gleicher Übertragungsbandbreite in der Regel weniger Zeit zur Wieder-herstellung, feste Zeitschranken sind jedoch nicht bestimmbar. Zudem verlangt das Suchen der Datenwörter mit nicht zurückgesetzten Kennzeichnungsbits zusätzlichen Rechenaufwand, wodurch die erreichbare Systemleistung eingeschränkt wird.

4 Ein schaltungstechnisch implementiertes Verfahren

Das hier vorgestellte, schaltungstechnische Verfahren zum Neuaufsetzen im laufenden Betrieb lehnt sich an das in [9] beschriebenen PES-Konzept an, welches auf strikter Trennung von Task-Ausführung und Task-Verwaltung beruht. Die Zeit wird in diskrete, gleich lange *Verarbeitungsintervalle* eingeteilt, die den periodisch-synchronen Arbeits-takt der *Task-Ausführungseinheit (TAE)* und der *Task-Verwaltungseinheit (TVE)* bestimmen. Die Verarbeitungsintervalle beginnen zu UTC-synchronen Zeitpunkten.

Tasks setzen sich aus einer Anzahl an *Task-Abschnitten* zusammen, die jeweils voll-ständig innerhalb eines Verarbeitungsintervalls ausführbar und nicht unterbrechbar sind. Die Abschnitte einer Task müssen nicht in einer fest vorgegebenen Reihenfolge ausgeführt werden. Hierzu wird am Ende eines jeden Task-Abschnittes der Identifika-tor des als nächster auszuführenden Abschnittes bestimmt. Diese Arbeitsweise ermög-licht beliebig prozeßgesteuerte Programmflüsse. Ein Task-Abschnitt kann als ein Mak-robefehl angesehen werden, der eine Anzahl an Prozessorbefehlen umfaßt.

Die TVE verwaltet eine Task-Liste, die für jede Task Angaben zum aktuellen Task-Zustand, zu den Aktivierungsbedingungen und zu den Ausführungsmerkmalen (z.B. geforderte, relative Antwortzeit) enthält. Die Task-Liste ist in Datenworten or-ganisiert, welche während der Durchführung der Task-Verwaltungsfunktionen se-quentiell abgearbeitet werden. Die TVE ist in Form einer digitalen Logikschaltung implementiert, wodurch ein besonders direkter Zugriff auf die in der Task-Liste ge-speicherten Zustandsinformationen ermöglicht wird. Die TAE setzt sich aus einem herkömmlichen Prozessor, vorzugsweise mit Harvard-Architektur, sowie Programm- und Datenspeicher zusammen.

In einer redundanten Konfiguration mehrerer PESe gibt jedes PES einen *seriellen Datenstrom (SDS)* aus, der fortlaufend die interne Verarbeitung beschreibt und an alle redundanten PESe weitergeleitet wird. Ein neu gestartetes PES kann durch Beobach-ten der SDS redundanter PESe seinen Zustand zur Laufzeit angleichen und sich in den laufenden Betrieb einklinken. Die SDS sind in Übertragungszyklen organisiert, die den Verarbeitungsintervallen entsprechen. In jedem Zyklus wird ein festgelegtes Da-tenvolumen übertragen; dieses Volumen begrenzt die in einem Verarbeitungsintervall zulässigen Datenänderungen.

Wiederherstellung des Datenspeichers der TAE Die von der TAE durchgeführten *An-wendungsdatenmodifikationen (ADM)* sind stets programmgesteuert (PDM). Das durch ADM verursachte Datenvolumen kann daher leicht auf einen im Übertragungszyklus transferierbaren Wert begrenzt werden, indem die Anzahl der in einem Task-Abschnitt zulässigen Schreibzugriffe limitiert wird. Die Begrenzung kann der Compiler während der automatischen Einteilung des Programmcodes in Task-Abschnitte vornehmen. Um den TAE-Datenspeicher innerhalb einer vorgegebenen Zeitspanne via SDS vollständig zu übertragen, müssen zusätzlich die Datenworte übertragen werden, die innerhalb des Zeitrahmens nicht verändert werden. Hierzu wird vom SDS während der sequentiellen Task-Verwaltung stets ein Teil des TAE-Speichers übertragen und zwar derart, daß der gesamte Speicherinhalt innerhalb einer festgelegten Anzahl an Zyklen *inkrementell transferiert* wird. Der übertragene TAE-Speicherbereich wird synchron mit der globalen Systemzeit so ausgewählt, daß die SDSe redundanter Einheiten identisch sind. Abbildung 1 veranschaulicht dies.

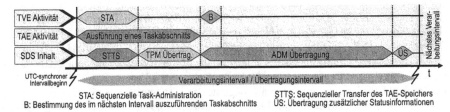

Abb. 1. Datentransfer mittels *serieller Datenströme (SDS)*

Wiederherstellung des Task-Parameterdatensatzes Die Menge an *TaskParametermodifikationen (TPM)* hängt von der Häufigkeit von Task-Zustandsänderungen ab, welche letztlich durch die Ausführungseigenschaften aller Tasks begrenzt ist. TPM können sowohl programmgesteuert (PDM) oder ereignisgesteuert (EDM) sein, weshalb eine spezielle Technik zur Reduzierung des Übertragungsaufwandes eingesetzt wird. Jedem Datenwort der TVE ist eine Variable zugeordnet, die das Alter der gespeicherten Information kennzeichnet. Zu Beginn sind alle Altersvariablen mit „0" belegt. Wird ein Datenwort geändert, so wird die zugehörige Altersvariable auf ihren maximal darstellbaren Wert gesetzt. Solange eine Altersvariable nicht den Wert „0" oder „1" besitzt, wird sie zu Beginn jedes Verarbeitungsintervalls um eins dekrementiert. Somit identifizieren die Altersvariablen mit den niedrigsten Werten die „ältesten" Datenwörter. Die zu transferierende Datenmenge wird nun begrenzt, indem in jedem Übertragungszyklus eine konstante Anzahl n ältester TVE-Datenworte übertragen und die zugehörigen Altersvariablen auf „0" gesetzt werden. Abbildung 1 veranschaulicht dies. Wenn alle Altersvariablen den Wert „0" besitzen, sind alle aktuellen TPM übertragen worden und es wird ein Wiedereinstiegssignal via SDS ausgesendet. Die Übertragung aller TVU-Datenworte wird erreicht, indem allen Altervariablen zu UTC-synchronen Zeitpunkten der maximale Wert zugewiesen wird.

Schaltungstechnische Implementierung Um eine besonders kurze Intervalldauer zu ermöglichen, wird der SDS von einer digitalen Schaltung generiert. Die schaltungstechnische Implementierung der zur Wiederherstellung des Datenspeichers der TAE beschriebenen Funktionen stellt dabei keine besondere Schwierigkeit dar und soll hier daher nicht erläutert werden. Hierzu müssen lediglich die Schreibzugriffe zwischengespeichert und in den SDS eingefügt werden. Wesentlich schwieriger ist hingegen die Bestimmung der ältesten Datenworte des Task-Parametersatzes. Auf diese sollte unmittelbar nach Abschluß der sequentiell ausgeführten Task-Verwaltungsfunktionen zugegriffen werden können, um die Intervalldauer nicht durch unnötige Verzögerungen zu verlängern. Die eigentliche Verwaltung der Altersvariablen ist ebenfalls leicht realisierbar. Die Datenworte der Task-Liste werden während der Task-Verwaltung in fester Reihenfolge abgearbeitet, wobei jedes Datenwort erst gelesen und kurz darauf – gegebenenfalls modifiziert – wieder abgelegt wird. Dabei können die den Datenworten zugehörigen Altersvariablen direkt verwaltet werden: Wird ein Datenwort unverändert wieder abgelegt, so wird die Altersvariable dekrementiert solange sie ungleich „0" oder „1" ist; bei einer Datenwortänderung wird ihr der maximal darstellbare Wert zugewiesen.

Die ältesten Datenworte werden mit dem in Abb. 2 dargestellten Schaltungkonzept bestimmt. Dessen Hauptbestandteile sind die *Zeiger-Register-Einheit (ZRE)*, die *Einheit zur temporären Speicherung (ETS)* und die *ETS-Auslese-Logik (EAL)*, die im Rahmen eines Zweiphasenprozesses miteinander kooperieren. Die ZRE enthält für jeden gültigen Alterswert (ausgenommen Null) je einen Registersatz. Jeder Registersatz umfaßt einen *Adreßzeiger (AZ)*, einen *vorherigen Zeiger (VZ)* und einen *nächsten Alterswert (NA)*. Der AZ und der VZ zeigen jeweils auf eine Adresse der ETS; NA zeigt auf den nächst höheren Alterswert, der in der verarbeiteten Sequenz an Altersvariablen enthalten ist. Angenommen, die Sequenz {4, 2, 5, 2} wurde verarbeitet, d.h. nur die Alterswerte 2, 4 und 5 treten auf. In diesem Fall zeigt der NA des Registersatzes des Alters 2 auf den Alterswert 4 und der NA des Registersatzes des Alters 4 auf den Alterswert 5. Darüber hinaus beinhaltet die ZRE ein Register zur Speicherung des *minimalen Alterswertes (MAW)* sowie einen *Adreßzähler*. Zu Beginn eines jeden Verarbeitungsintervalls wird jeder AZ mit dem Alterswert initialisiert, der dem ihm angehörenden Registersatz zugeordnet ist, und der Adreßzähler wird auf den um eins inkrementierten maximalen Alterswert gesetzt.

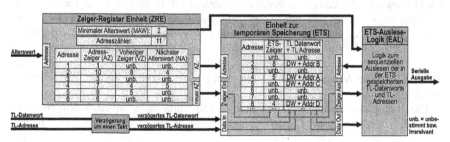

Abb. 2. Schaltungskonzept zur Bestimmung der ältesten Datenworte

In Phase 1, die jeweils zu Anfang eines Verarbeitungsintervalls beginnt, arbeiten die ZRE und die ETS wie folgt. Während der sequentiell durchgeführten Task-Verwaltung stellt die TVE stets das aktuell verarbeitete *TL-Datenwort* (TL: Task-Liste) sowie die zugehörige *TL-Adresse* und den zugehörigen *Alterswert* bereit. Jedesmal, wenn ein neues Datenwort bereit gestellt wird, greift die ZRE auf den durch den neuen Alterswert adressierten Registersatz zu und gibt mit dem nächsten Taktzyklus dessen gespeicherten AZ aus. Gleichzeitig wird der Wert von AZ als neuer VZ abgelegt und als *neuer AZ* wird der Wert des Adreßzählers gespeichert, welcher daraufhin inkrementiert wird. Der *neue AZ* wird ebenfalls ausgegeben. Zudem prüfen alle

Registersätze höherer Altersvariablen, ob sie den aktuellen Alterswert als neuen NA übernehmen müssen. Gegebenenfalls wird der aktuelle Alterswert als neuer MAW übernommen. Parallel zu dieser Verarbeitung – allerdings um einen Taktzyklus versetzt – speichert die ETS stets unter der Adresse, auf die der von der ZRE ausgegebene AZ zeigt, das TL-Datenwort und dessen TL-Adresse. Darüber hinaus wird der von der ZRE ausgegebene *neue AZ* als *ETS-Zeiger* gespeichert.

Nachdem die TVE die sequentielle Verarbeitung der Task-Liste abgeschlossen hat, wird zur Phase 2 übergegangen, in der die von der ETS zuletzt gespeicherten Adreßzeiger ersetzt werden. Hierzu werden mit dem Registersatz des Alterswertes 1 beginnend alle Registersätze der ZRE nacheinander abgearbeitet, wobei jeweils mit dem gespeicherten VZ die Speicherzelle von ETS adressiert wird, dessen ETS-Zeigerwert durch den Wert von NA ersetzt wird.

Mit Beginn von Phase 2 kann die EAL die in der ETS gespeicherten Datenworte nacheinander – geordnet nach deren Alterswerten, beginnend mit dem ältesten Datenwort – auslesen. Hierzu greift die EAL lesend über den zweiten Port des Dual-Port-Speichers der ETS auf deren (temporär) gespeicherte Daten zu. Der MAW, welcher von der ZRE bereitgestellt wird, kennzeichnet die Adresse des ältesten Datenwortes. Diese Adresse wird zuerst ausgelesen. Das ausgelesene Datenwort der Task-Liste sowie dessen TL-Adresse können direkt dem SDS zugefügt werden. Der ausgelesene ETS-Zeiger dient zur Adressierung beim nächsten Zugriff auf den Dual-Port-Speicher des ZRE. Dementsprechend würde die EAL bei dem in Abb 2 gezeigten Beispiel die TL-Datenworte und deren TL-Adressen in der Reihenfolge B, D, A, C auslesen und dem SDS zufügen.

In der 2. Phase werden durch Ersetzen der Adreßzeiger die in der ETS abgelegten Daten quasi zu einer Kette verbunden. Die EAL muß mit dem Auslesen der ETS allerdings nicht warten, bis das Ersetzen abgeschlossen ist. Da die EAL mit dem ältesten Datenwort – dessen ETS-Adresse durch den MAW zu Beginn der 2. Phase bereits gegeben ist – beginnt und mit jedem Taktzylus eine Ersetzung vollzogen wird, ist stets gewährleistet, daß eine gegebenenfalls notwendige Ersetzung bereits durchgeführt worden ist, bevor die EAL auf die zugehörige Adresse zugreift.

Der Vorgang des Neuaufsetzens kann in zwei Phasen eingeteilt werden. Abbildung. 3 veranschaulicht dies.

Die erste Phase beginnt mit dem ersten Verarbeitungsintervall nach dem Neustart eines PES, welcher z.B. aufgrund einer Störung veranlaßt wird. Die Phase dauert

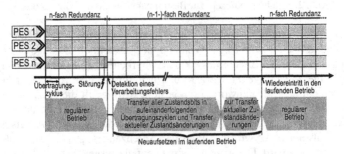

Abb. 3. *Neuaufsetzen im laufenden Betrieb*

wenigstens so viele Intervalle, wie der inkrementelle Transfer zur vollständigen Übertragung des TAE-Speichers benötigt. Der zeitliche Abstand zwischen den UTC-synchronen Zeitpunkten, zu denen allen Altersvariablen der maximale Alterswert zugewiesen wird, wird so gewählt, daß wenigstens einer innerhalb von Phase 1 auftritt. Im Anschluß an diese Phase liegt gegen Ende eines jeden Verarbeitungsintervalls Zustandsgleichheit des TAE-Speichers vor, da die ADM eines Verarbeitungsintervalls stets im selben Intervall übertragen werden. Während Phase 2 müssen dann nur noch die aktuellen ADM und TPM übertragen werden. Sobald durch ein Wiedereinstiegs-signal mitgeteilt wird, daß alle aktuellen TPM übertragen wurden, kann das PES mit Beginn des nächsten Intervalls in den laufenden Betrieb der redundanten Konfiguration einsteigen.

5 Zusammenfassung

Ein Konzept zur schaltungstechnischen Implementierung der Funktion „Neuaufsetzen im laufenden Betrieb" in ein PES wurde vorgestellt. Es unterscheidet sich von anderen Konzepten dadurch, daß unterschiedliche Verfahren zur Angleichung der Programmdaten und der Task-Verwaltungsdaten angewandt werden. Das Konzept basiert auf der in [9] vorgestellten PES-Architektur, bei der die wesentlichen Task-Verwaltungsfunktionen in Form einer digitalen Logikschaltung realisiert sind. Dies erleichtert den schaltungstechnischen Zugriff auf die Task-Verwaltungsdaten.

Im Gegensatz zu anderen Verfahren beeinflußt das hier vorgestellte Konzept nicht die Software-Entwicklung, sondern lediglich die Rechenleistung. Aufgrund der schaltungstechnischen Realisierung können die Zustandsdaten teilweise parallel zur Programmausführung übertragen werden. Darüber hinaus erlaubt die schaltungstechnische Implementierung, das Alter eines Datenwortes bei der Übertragen des Systemzustandes zu berücksichtigen, ohne – wie bei einer software-technischen Lösung – zusätzliche Rechenzeiten in Kauf nehmen zu müssen. Dadurch, daß *ältere Datenworte zuerst* übertragen werden, wird mehrmaliges Übertragen oft veränderter Datenworte zum großen Teil vermieden. Hierdurch reduziert sich die notwendige Übertragungsbandbreite bzw. lassen sich bei gleicher Übertragungsbandbreite höhere Rechenleistungen erzielen. Bedauerlicherweise konnte dieser Aspekt in diesem Artikel nicht detailliert behandelt werden. Es sei allerdings darauf hingewiesen, daß die zum Neuaufsetzen im laufenden Betrieb maximal benötigte Zeit bestimmbar ist. Der interessierte Leser ist eingeladen, den Autor für weitergehende Informationen anzusprechen.

Literaturverzeichnis

1. D. J. Adams und T. Sims. A tagged memory technique for recovery from transient errors in fault-tolerant systems. Proc. Real-Time Systems Symp., S. 312–321, 1990.
2. S. J. Adams. Hardware-assisted recovery from transient errors in redundant pro- cessing systems. Proc. IEEE Fault-Tolerant Computing Symp. 19, S. 517–519, 1989.
3. A. Bondavalli, F. Di Giandomenico, F. Grandoni, D. Powell und C. Rab¶ejac. State restoration in a COTS-based N-modular architecture. Proc. 1st IEEE Intl. Symp. on Object-oriented Real-time Distributed Computing, S. 174–183, 1998.

4. R. Paramasivam und D. Basu. An approach to software assisted recovery from hardware transient faults for real time systems. In Computer Safety, Reliability and Security, S. 264–274, Springer-Verlag 2000.
5. J. J. Horning, H. C. Lauer, P. M. Melliar-Smith und B. Randell. A program structure for error detection and recovery. Proc. Operating Systems, S. 171–187, Springer-Verlag 1974.
6. M. Patino Martinez, R. Jimenez Peris und A. Romanovsky. Bridging the gap between hardware and software fault tolerance. Technical Report 766, University of Newcastle u-pon Tyne, School of Computing Science, 2002.
7. D. A. Patterson, G. A. Gibson und R. H. Katz. A case for redundant arrays of inexpensive disks (raid). Proc. SIGMOD Conf., S. 109–116, 1988.
8. T. Sims. Real-time recovery of fault-tolerant processing elements. IEEE Aerospace and Electronic Systems Magazine, 12:13–17, 1997.
9. M. Skambraks. Concepts for real-time execution in safety-critical applications. Proc. 16th IFAC World Congress, 2005.
10. Th. BÄurger, G. Pritschow und U. Laible. A fail-safe dual channel robot control for sur-gery applications. In Computer Safety, Reliability and Security, S. 75–85, Springer-Verlag 2001.

Eine Technik zur Konstruktion sicherer und zuverlässiger Echtzeitsysteme

Peter F. Elzer

Institut für Prozess- und Produktionsleittechnik (IPP), Technische Universität Clausthal (TUC)
Julius-Albert-Str. 6, 38678 Clausthal-Zellerfeld, Deutschland

E-mail: elzer@ipp.tu-clausthal.de

Zusammenfassung. Im vorliegenden Beitrag wird eine einfache Methode zum strukturierten Entwurf von Systemen paralleler Prozesse vorgestellt, die besonders vorteilhaft für die hohen Anforderungen an Sicherheit und Zuverlässigkeit bei autonomen Systemen erscheint. Sie besteht im Wesentlichen aus fünf Grundkonstrukten, die sich auch für grafische Programmentwicklung eignen. Um die Funktionsfähigkeit und Brauchbarkeit des Vorschlags nachzuweisen, wurde an der TUC im Rahmen einer Studienarbeit eine Testimplementation vorgenommen. Diese bestätigte voll die in den Entwurf gesetzten Erwartungen.

1 Einleitung

Im Jahr 2004 wurden in Zusammenarbeit zwischen dem Institut für Informatik (Prof. Dr. Ecker) und dem IPP der TUC durch eine Testimplementation [1] erstmals die Realisierbarkeit und Brauchbarkeit einer Technik zum strukturierten Entwurf sicherer und zuverlässiger Echtzeitsysteme nachgewiesen, deren theoretische Grundlagen schon mehrfach erläutert worden waren [2, 3, 4, 5]. Sie war im Rahmen der Arbeiten an PEARL und an einer optimalen Programmierumgebung für Echtzeitsysteme (VEPAS-Studie) entstanden. Gegenüber den üblichen Methoden zur (formalen) Spezifikation von Software zeichnet sich das Verfahren durch begriffliche Einfachheit, Unabhängigkeit von Sprachen und Betriebssystemen, leichte Implementierbarkeit und – vor allem – direkten Echtzeitbezug aus. Im Vortrag wird noch einmal kurz auf die methodischen Grundlagen eingegangen. Im Wesentlichen wird aber die Testimplementation für die Sprachen PEARL und Echtzeit-C dargestellt und an Hand einiger Programmbeispiele erläutert werden.

2 Methodische Grundlagen

Aus Platzgründen können Hintergrund und Funktionsweise der vorgeschlagenen Entwurfstechnik hier nicht vollständig dargestellt werden. Interessenten seien auf entsprechende Veröffentlichungen verwiesen (z.B. [4]). Zum besseren Verständnis werden jedoch die dem Verfahren zu Grunde liegenden Konstrukte hier noch einmal kurz aufgeführt.

Im Prinzip stellt die dargestellte Technik eine Anwendung der „Strukturierten Programmierung" auf Systeme von parallelen Prozessen dar. Speziell wurden die

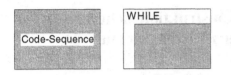

Abb. 1. Übliche Nassi-Shneiderman Diagramme

„Struktogramme" von Nassi-Shneiderman [6] zugrunde gelegt und erweitert, um das Verfahren für grafisch-interaktive Programmentwicklung einsetzen zu können. Abbildung 1 zeigt einen häufig verwendeten Satz dieser Diagramme.

Die frei aktivier- und beendbaren Tasks von PEARL (und vergleichbaren Sprachen) werden ersetzt durch das „Taskbündel", eine Konstruktion, die abgeleitet ist vom altbekannten „fork-and-join" Mechanismus [7] oder der „parallel clause" [8,9]. Die Funktionsweise und ein Vorschlag für ein entsprechendes Strukturdiagramm sind in Abb. 2 dargestellt. Ein Syntaxvorschlag lautet folgendermaßen:

parallel-clause ::= **parallel** {**execute** ppc-name [**with** resource-list]

[**priority** priority-specification]}.**parend**

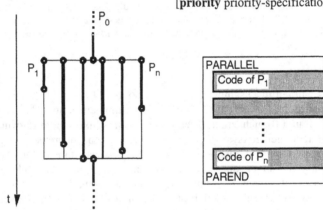

Parallel Execution of Processes   Graphical Notation

Abb. 2. Strukturierte Parallelverarbeitung

Ein weiteres wesentliches Element stellen Konstrukte zur Reaktion auf „Exceptions" [10] dar, da eine unsachgemäße Behandlung von Programmablaufanomalien eine der häufigsten Fehlerursachen in Echtzeitsystemen ist. Außerdem erlauben sie es, die ablauftechnische Starrheit des Taskbündels auf elegante Weise zu kompensieren. Abbildung. 3 illustriert die vorgesehenen Reaktionsmöglichkeiten und zeigt einen Vorschlag für ein entsprechendes Strukturdiagramm. Ein Syntaxvorschlag lautet folgendermaßen:

complete-code ::= **begin** main-code [**exceptions** {**,on** exception-name
[(exception-handler)] {**wait|continue|repeat|**nil}}**...**} **exend**] **end**

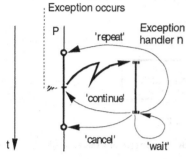
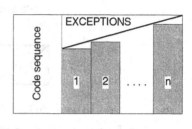

Four possible reactions to an exception   Graphical Notation

Abb. 3. Strukturierte Behandlung von Programmablaufanomalien

Die Verwaltung von Ressourcen im Programmablauf wurde vereinheitlicht und systematisiert. Zunächst werden nicht verbrauchbare Ressourcen (z.B. Geräte oder Datenbereiche) und verbrauchbare (z.B. Interrupts oder Meldungen) in Bezug auf ihre Anforderung und Nutzung gleich behandelt. Dann wird programmtechnisch sichergestellt, dass angeforderte Ressourcen nach Benutzung wieder freigegeben werden. Damit wird insbesondere eine Klasse wesentlicher Programmierfehler vermieden. In Abb. 4 wird dieser Vorgang illustriert und das entsprechende Strukturelement dargestellt.

Die Erzeugung von Meldungen (einer Klasse verbrauchbarer Ressourcen) wird – ähnlich wie bei Semaphoren – ununterbrechbar an die Beendigung der dazugehörigen Codesequenz gekoppelt („integrierte Signalisierung").

resource-reservation ::= **demand** resource-expression [main-code] **free**

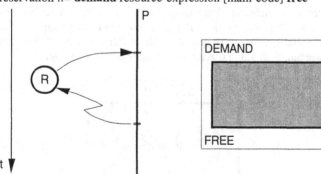

Process P using Resource R
for a Period of Time   Graphical Notation

Abb. 4. Benutzung von Ressourcen

signal-emission ::= **emit** signal-list [main-code] **emend**

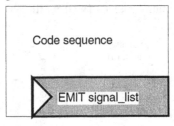

Integrated Signalling

Abb. 5. Integrierte Signalisierung der Beendigung einer Codesequenz

Besonders interessant erscheint dem Verfasser, dass in die vorgeschlagene Technik mit geringem Aufwand ein Verfahren zur Vermeidung von Deadlocks integriert werden konnte, was für autonom arbeitende Echtzeitsysteme besonders wichtig ist. Es beruht auf einem Ansatz von Habermann [11], der folgendermaßen zusammen gefasst werden kann:

- man bringe alle Ressourcen, die während der Ausführung eines Programmsystems benötigt werden, in eine lineare Ordnung,
- benutze sie nur in dieser Reihenfolge und
- gebe sie in umgekehrter Reihenfolge wieder frei.

Die Deklaration eines Protoprozesses sollte also diese Liste aller Ressourcen, die während seiner Ausführung gebraucht werden, als „resource-claim" enthalten:

ppc-declaration ::= ppc-name **task** [**claim** resource-list] [complete-code] **taskend**

Die Einhaltung der richtigen Reihenfolge beim Aufruf kann dann bereits durch einen Preprozessor überprüft werden. Dieser kann durch Einfügung entsprechender Anweisungen notfalls auch erzwingen, dass sie in der richtigen Reihenfolge wieder freigegeben werden. Abbildung 6 zeigt das zugehörige Strukturdiagramm.

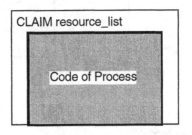

Protoprocess with Resource Claim

Abb. 6. Voranmeldung des Ressourcenbedarfs einer Codesequenz

Dem Verfasser ist durch selbst durchgeführte Experimente natürlich bekannt, dass diese Regel sehr schwer einzuhalten ist und manchmal zu suboptimalem Laufzeitverhalten führt. In manchen Fällen ist die einzige Alternative jedoch schlicht und einfach die Unzuverlässigkeit des Systemverhaltens – die man nicht in Kauf nehmen sollte. Wendet man die Regel aber schon zu einem frühen Zeitpunkt während des Systementwurfs an, kann ihre Einhaltung häufig zu einer besseren Gesamtauslegung des Systems führen.

3 Testimplementation

Wie bereits eingangs erwähnt, wurden die dargestellten Konstrukte im Rahmen einer Studienarbeit [1] an der TUC probeweise realisiert.

3.1 Technische Basis

Das Verfahren war ursprünglich eigentlich für interaktive grafische Programmierung konzipiert. Dieser Ansatz hätte aber den im Rahmen einer Studienarbeit erbringbaren Arbeitsaufwand erheblich überschritten. Also wurde eine textorientierte Realisierung auf der Basis eines Makro-Preprozessors gewählt. Da der für „C" verfügbare Preprozessor nicht leistungsfähig genug war, fiel die Wahl auf „M4" aus dem UNIX-Umfeld.

Als Zielsprachen wurden gewählt:

- „C" als die derzeit in der Systemprogrammierung meistgebrauchte Sprache und
- PEARL, da dieses ausdrücklich für Echtzeitanwendungen entwickelt wurde.

Die Implementierung für „C" erfolgte auf der Basis von „Realtime-C M7" auf einem Prozessrechner der Firma Siemens mit dem Betriebssystem „Rmos32", diejenige für PEARL auf einem Windows-PC mit dem Betriebssystem „RTOS-UH" der TU Hannover. In diesem Zusammenhang sei auch Herrn Kollegen Halang von der Fern Uni in Hagen herzlichst für die leihweise Bereitstellung weiterer technischer Hilfsmittel gedankt.

Implementierungen für „Java" und „Ada" wurden angedacht, aber aus Zeitgründen nicht realisiert. Auch die Umsetzung in eine objektorientierte Sprache wurde diskutiert, wenn auch hier Zweifel bezüglich der Echtzeittauglichkeit der resultierenden Programme nicht ganz ausgeräumt werden konnten.

3.2 Demonstrationsbeispiele

Getestet und vorgeführt wurde die Implementation an Hand von zwei Beispielen:

I. einem Erzeuger-Verbraucher-Problem und
II. dem Senden und Verarbeiten von Signalen.

I.) Das Erzeuger-Verbraucher-Problem: dieses besteht im Wesentlichen aus zwei Prozessen: einem Erzeugerprozess, der die Quadrate natürlicher Zahlen erzeugt, und einem Verbraucherprozess, der diese Zahlen auf dem Bildschirm ausgibt. Die erzeugten und auszugebenden Zahlen werden dabei über einen nicht geschützten Puffer im

Speicher übergeben. Die Synchronisation zwischen den beiden Prozessen erfolgt mit Hilfe von Signals.

Die folgenden kleinen Programmausschnitte sollen einen Eindruck davon geben, wie Programme in der vorgeschlagenen Notation aussehen und welchen Umfang sie nach der Makroexpansion annehmen. Daraus ist vor allem auch ersichtlich, wie viel mehr Programm in einer herkömmlichen Programmiersprache geschrieben werden müßte, um die gleiche Funktionalität zu erzielen – was natürlich auch zu einer entsprechenden Erhöhung der Zahl möglicher Fehler führen würde.

I.1)   Ein Makro in PEARL

```
Task(Erzeuger) Claim(Sig);
    FOR i FROM 0 TO MaxWert REPEAT
        Try;
            Emit(Sig);
            Wert = i * i;
        EmEnd;
        Exceptions(EXCEPTION_SignalInUse);
            Wait;
        ExEnd;
    END;
TaskEnd;
```

I.2)   Dessen Expansion in PEARL

```
Erzeuger:TASK;
    for i from 0 to MaxWert repeat
        begin;
            DCL (RTS_ContinueAt1,RTS_ThrownException1,RTS_Wait1)
                                        fixed init(0,0,0);
            RTS_TryLabel1:
            CASE RTS_ThrownException1 ALT(0);
                IF RTS_Wait1 == 0 THEN
                    IF NOT(TRY(EmitSema_Sig)) THEN
                        RTS_ContinueAt1 = 1;
                        RTS_ThrownException1 = 1;
                        GOTO RTS_TryLabel1;
                        RTS_ThrowLabel1_1:;
                    FIN;
                ELSE
                    REQUEST EmitSema_Sig;
                FIN;
                Wert = i * i;
                RELEASE ResourceSema_Sig;
            ALT(1);
                RTS_Wait1 = 1;
                RTS_ContinueAt1 = 0;
                RTS_ThrownException1 = 0;
                GOTO RTS_trylabel1;
            FIN;
            RTS_ExEndLabel_1:
        end;
    end;
    RELEASE RTS_TaskSema(1);
END;
```

I.3)   Der gleiche Makro in C

```
TASK(Erzeuger) Claim(Sig) {
    int i ;
    for (i = 0; i <= MaxWert; ++i) {
        Try;
            Emit(Sig);
                Wert = i * i;
            EmEnd;
        Exceptions(EXCEPTION_SignalInUse);
            Wait;
        ExEnd;
    }
} TaskEnd;
```

I.4)   ..... und dessen Expansion in C

```
void _FAR _FIXED Erzeuger(void) {
    do {
        int i;
        for (i = 0; i < maxwert; ++i) {
            do {
                int RTS_ContinueAt = 0, RTS_ThrownException = 0,
RTS_Wait = 0;
                RTS_TryLabel1:
                switch (RTS_ThrownException) {
                    case(0):
                        do {
                            if (RTS_Wait1 == 0) {
                            if (RmGetbinSemaphore (RM_CONTINUE,
EmitSema_Sig)!=RM_OK) {
                                RTS_Continueat = 1;
                                RTS_ThrownException = 1;
                                goto RTS_TryLabel1;
                                RTS_ThrowLabel1_1:;
                            }
                        } else {
                            RmGetBinSemaphore(RM_WAIT, EmitSema_Sig);
                        }
                    } while (0);
                    Wert = i * i;
                    RmReleaseBinSemaphore(ResourceSema_Sig);
```

.... hier wurde das Beispiel wegen Überlänge abgebrochen.

II) Das Signalübertragungsproblem: Dieses Beispiel demonstriert die Übertragung von Signalen von einem Rechner auf einen anderen. Auf dem ersten Rechner werden mit der Maus Koordinaten eingegeben, auf dem zweiten werden sie dargestellt. Abbildung 7 zeigt die zugehörigen Struktogramme. Leider konnte es aber nur mit PEARL realisiert werden, da der Prozessrechner mit „C" nicht die nötige Ausrüstung besaß.

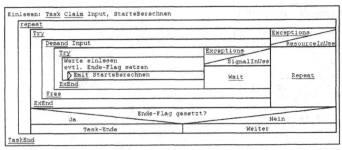

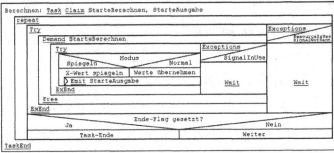

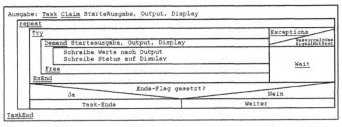

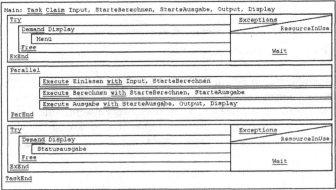

Abb. 7. Struktogramme des Signalübertragungsbeispiels

3.3 Ergebnisse

Zunächst ist festzustellen, dass der Arbeitsaufwand für die Testimplementation nur etwa drei Mannmonate betrug, also als sehr moderat bezeichnet werden kann. Wie nicht anders zu erwarten, ergaben sich bei der Implementation einige Probleme in Bezug auf die vollständige Realisierbarkeit der Konstrukte. Sie waren aber geringer als zunächst befürchtet. So mußten vor allem bei der Syntax Änderungen vorgenommen werden, da die Möglichkeiten eines Makrogenerators eingeschränkter sind als die eines (grafischen) interaktiven Preprozessors.

Die erhoffte Vereinfachung der Programmierung wurde aber vollständig erreicht. Zunächst einmal sind die vom Entwickler in der neuen Notation zu schreibenden Programme wesentlich kürzer als bisher. Bei PEARL beträgt die Reduktion etwa 50, bei „C" leicht über 60%. Gemäß dem bekannten direkten Zusammenhang zwischen der Anzahl der geschriebenen „Lines of Source Code" und der der Fehler im Programm resultiert schon daraus eine erhebliche Erhöhung der Zuverlässigkeit der geschriebenen Programme. Dazu kommt, daß die vorgeschlagenen Konstrukte wesentlich leichter zu verstehen sind als bisherige Echtzeitprogramme. Daraus ergibt sich eine weitere Reduktion der Zahl der Entwurfsfehler.

4 Schlußfolgerungen

Durch diese erste Testimplementierung konnten Funktionsfähigkeit und Anwendbarkeit der vorgeschlagenen Konstrukte zur Entwicklung sichererer und zuverlässigerer Echtzeitprogramme demonstriert werden. Bei näherer Betrachtung ergibt sich auch, daß das Verfahren für den Entwurf ganzer Systeme einsetzbar ist, da die Strukturelemente auf einer so hohen Abstraktionsebene angesiedelt sind, dass sie großenteils auch für die Funktion von Hardwarekomponenten stehen können. Weitere Untersuchungen werden dies verifizieren.

Literaturverzeichnis

1. Trenkel S., Gollub M.: Implementation von Methoden zur zuverlässigen Programmierung von Echtzeitsystemen. Studienarbeit im Fachbereich Mathematik und Informatik der TUC, Dez. 2004.
2. Elzer P.: Ein Mechanismus zur Erstellung strukturierter Prozeßautomatisierungsprogramme. Informatik Fachberichte Nr.7, GMR-GI-GfK Fachtagung Prozeßrechner, Springer, Berlin, Heidelberg, New York: 137–148 , 1977.
3. Elzer P.: Strukturierte Beschreibung von Prozesssystemen. Dissertation, Arbeitsberichte des Instituts für Mathematische Maschinen und Datenverarbeitung der Universität Erlangen-Nürnberg: Bd.12, Nr.1, 1979.
4. Elzer P.: Missed Opportunities in Real Time Programming? in: Wolfinger B. (Hrsg.): Innovationen bei Rechen-.und Kommunikationssystemen. 24. Jahrestagung der GI zusammen mit dem 13. IFIP Weltkongress, Hamburg, 28.August bis 2.September 1994: 328–339, Springer, 1994.
5. Elzer P.: A Method for the Construction of Reliable Real-Time Programs. Embedded in Munich Conference with Embedded Systems Conference 2004, München, Nov. 2004.
6. Nassi B., Shneiderman A.: Flowchart Techniques for Structured Programming. SIGPLAN Notices, Bd.8, Nr.8, 12–26, Aug.1973.

7. Dennis J.B., Van Horn E.C.: Programming Semantics for Multiprogrammed Computations. CACM, Bd.9, Nr.3, 143–155, März 1966.
8. Van Wijngarden A., Mailloux B.J., Peck J.E.L., Koster C.H.A.: Report on the Algorithmic Language ALGOL 68. Num. Math. 14, 79–218, 1969.
9. Jones G.: Programming in OCCAM. Prentice Hall International, Englewood Cliffs, London, 1987.
10. Goodenough J.B.: Exception Handling – Issues and a Proposed Notation. CACM, Bd.18, Nr.12 , 683–696, Dez.1975.
11. Habermann N.: Prevention of System Deadlocks. CACM, Bd.12, Nr.7, 373–385, Juli 1969.

Werkzeuge und Ausbildung

Automatisierungstechnik – eine Gemeinschaftsaufgabe von Bildung, Wissenschaft und Industrie

Klaus Hengsbach, Reinhard Langmann

Phoenix Contact, Fachhochschule Düsseldorf

Zusammenfassung. Der Beitrag beschreibt eine Internetplattform, die es ermöglicht reale Anlagen zu programmieren und zu betreiben. Ein interaktives, wie auch didaktisch strukturiertes Telelabor wird vorgestellt, welches die aktuellen Themen der Automatisierungstechnik aufgreift und darstellt. Das Spektrum reicht von der Programmierung (nach IEC 61131) bis hin zu Profinet-Applikationen. Das Thema Echtzeit ist in Folge dessen zentraler Gegenstand. Die Zielgruppen sind nicht nur Kunden oder Studierende, sondern ebenso interne Fachkräfte. Einfache Handhabung bei der Bedienung und beim Lernen steht im Vordergrund.

Dieser Trend wird sich in den nächsten Jahren weiter fortsetzen, ohne die klassischen Präsenzmaßnahmen abschaffen zu können und zu wollen.

1 Einleitung

Im Bereich der Aus- und Weiterbildung vollzieht sich seit mehreren Jahren durch den Einsatz neuer Medien und der hohen Bedeutung der Informations- und Kommunikationstechnologien eine Veränderung der Bildungslandschaft. Der Einsatz von Internet und CD führt zu einer Ergänzung bzw. teilweise auch zu einer Ablösung klassischer Lernmethoden durch neue Formen, die das Lernen verstärkt individualisieren und den Raum für lebenslanges Lernen und Lernen nach Bedarf schaffen.

Auch in der Automatisierungs- und Steuerungstechnik sind seit Mitte der 90er Jahre verstärkt Aktivitäten sichtbar, die neuen Lern- und Lehrmethoden für die ingenieurtechnische Ausbildung und teilweise auch für die berufliche Erstqualifizierung und Weiterbildung zu nutzen. Die dazu entwickelten Lernangebote lassen sich prinzipiell nach ihrer Zugriffsart einteilen:

- *Offline*: In dieser Kategorie finden sich die unter dem Begriff CBT (Computer Based Training) zusammengefassten interaktiven Selbstlernprogramme.
- *Online*: Diese Lernangebote, auch als WBT (Web Based Training) bezeichnet, befinden sich im Internet (E-Learning). Sie bestehen meist gleichfalls aus Selbstlernprogrammen, darüber hinausgehend beinhalten sie teilweise aber auch tutorielle Begleitung und/oder kombinieren Online-Selbstlernphasen mit betreutem Lernen in Präsenzphasen (Blended Learning).

Offline-Lernsysteme werden meist mit speziellen Autorensystemen (ToolBook, Director u.a.) erstellt und lassen die Realisierung leistungsfähiger Multimediaelemente zu.

Ein wesentlicher Nachteil der Offline-Lernsysteme ist allerdings ihre fehlende Kompatibilität zum Internet und zur Webbrowsertechnik. Es gelingt zwar häufig mit zusätzlichen Plug-In's diese Systeme auch onlinefähig zu machen, dies gelingt aber nur eingeschränkt, z. T. nur mit hohem Aufwand oder unter Verlust von Medienqualität.

Der Entwicklungstrend geht deshalb eindeutig in Richtung Online-Lernsysteme, auch als E-Learning bezeichnet, welche bereits von ihrer Konzeption her auf der Internettechnologie basieren und als Bedienoberfläche den Webbrowser nutzen. Außerdem besteht prinzipiell auch die Möglichkeit Online-Lernsysteme über das Internet zu laden und lokal zu nutzen bzw. diese Systeme als CD-ROM offline verfügbar zu machen.

Hinzu kommt, dass E-Learning die Forderungen nach Lernen im Team und betreutes Lernen über verschiedene Kommunikationsmittel wie Chat, Forum, Videokonferenz u.a. sehr gut erfüllen kann.

Im Bereich der Ingenieurwissenschaften entstand in Deutschland in kurzer Zeit, im Gegensatz zu dem nach wie vor begrenzten Umfang verfügbarer Offline-Lernsysteme, eine Palette verschiedener E-Learning-Angebote. So weist z.b. allein die Bildungsdatenbank der Bund-Länder-Kommission für Bildungsplanung und Forschungsförderung [1] in den Ingenieurwissenschaften eine Vielzahl von Einträgen für E-Learning-Bildungsangebote aus.

2 Computer in der automatisierungstechnischen Praxisausbildung

In der Automatisierungstechnik lassen sich allgemein betrachtet nachhaltige Lernerfolge nur dann erzielen, wenn die Lernenden das theoretische Wissen anhand praxisnaher und handlungsorientierter Übungen festigen. Dazu werden üblicherweise entsprechende Praktika und Laborübungen an realen Anlagen, Maschinen und Geräten eingesetzt.

Praktika an realen Systemen sind für jede Ausbildungseinrichtung grundsätzlich mit hohen Kosten verbunden. Dazu gehören z.B. hohe Investitionskosten, aufwändige Betreuung der Lernenden, laufende Kosten für Wartung und Betrieb. Automatisierte Anlagen im Bereich der Verfahrenstechnik können u. U. aufgrund ihrer Größe und/ oder Komplexität für Ausbildungszwecke überhaupt nicht genutzt werden.

Es besteht deshalb prinzipiell bei den Ausbildungseinrichtungen, die ingenieurtechnische bzw. berufspraktische Labors betreiben, ein immenses Interesse, Kosten und Leistung ihrer Lernangebote zu optimieren bzw. diese mit Hilfe der neuen IuK-Technologien zu verbessern. Im Bereich der praktischen Ausbildung bieten sich dabei zwei Varianten an: rechnergestützte Anlagensimulationen, Fernzugriff auf reale Ausbildungsanlagen (Telepraktika).

Beim Simulationspraktikum werden reale Anlagen mittels interaktiver 2D- oder auch 3D-Simulationen nachgebildet und die jeweiligen Praktikumsaufgaben in dieser simulativen Arbeitsumgebung gelöst. Eine typische Aufgabe dazu ist z.B. die Entwicklung von SPS-Programmen und der Test an simulierten Technologiemodellen [2].

Der Begriff Telepraktikum wird verschieden verwendet. Im vorliegenden Kontext soll dabei ein Praktikum verstanden werden, bei welchem zur Lösung der Lernaufgaben über das Internet reale Anlagen bedient und beobachtet werden. Damit wird versucht eine möglichst authentische Lernumgebung zu schaffen. Andere Begriffe für diese Art des Lernens sind z.B. Telepräsenzpraktikum, Online-Praktikum, Cyberlab, virtuelles Labor, Fernlabor, Remote Lab, Web Lab. Als Minimalanforderung an ein Telepraktikum gelten: Beobachtung der Anlage in Echtzeit mittels Web-Videokamera und Fernbedienen der Anlage über das Internet.

Tabelle 1 gibt eine Übersicht zur Bewertung der beiden computergestützten Lernformen für die automatisierungstechnische Praxisausbildung in Gegenüberstellung zum konventionellen Präsenzpraktikum.

Tabelle 1. Bewertung unterschiedlicher Arten von Praktika

	Präsenzpraktikum	*Telepraktikum*	*Simulationspraktikum*
Verfügbarkeit	-	+	++
Anzahl gleichzeitiger Nutzer	1	1	N
Realitätsnähe	= Realität	+	-
Emotionaler Lernfaktor	++	+	-
Selbständigkeit des Lerners	-	+	++
Vermittlung von Basiswissen	-	+	+
Vermittlung von Anwendungswissen	++	+	-

- weniger gut   +gut   ++ sehr gut

Es wird deutlich, dass Telepraktika im Kontext einer handlungsorientierten und emo-tional betonten Ausbildung Präsenzpraktika ausgezeichnet ergänzen und unterstützen. Unter dem Aspekt einer Globalisierung in Wirtschaft und Bildung lassen sich Telepraktika darüber hinaus als E-Learning-Angebot über das Internet hervorragend vermarkten.

Die Nutzung von Anlagensimulationen ist im Hochschul- und berufspraktischen Bereich fester Bestandteil der Lehr- und Lernpläne für die automatisierungstechnische Aus- und Weiterbildung. Telepraktika sind von einer solchen Nutzung noch weit entfernt.

Obwohl die Vorteile von Telepraktika wie z.B. die Reduzierung von Investitionskosten, eine zeit- und ortsunabhängige praktische Ausbildung, die Vermittlung unmittelbarer Erfahrungen, die Nutzung von Szenarios für verteiltes Lernen und die Beseitigung von Laborstress bei Ausbildern und Bildungseinrichtungen allgemein anerkannt sind, gibt es offenbar eine Reihe von Ursachen, die gegenwärtig einer nachhaltigen und dauerhaften Nutzung noch entgegenstehen.

3 Ausbildungsanlagen im Web

3.1 Technik

Basis eines jeden Telepraktikums ist eine Anlage, deren Zustand per Internet manipuliert werden kann. Dazu müssen Fernzugriffe auf Bedien- und Prozessdaten der Anlage erfolgen. Soll dies über einen Webbrowser erfolgen, muss entsprechende Software bereitgestellt werden bzw. bereitstehen, die dies aus dem Webbrowser heraus realisiert. Einige wichtige Verfahren dazu sind in [3, 4, 5] beschrieben.

Hier treten bereits eine Reihe von Problemen auf:

– Der Einsatz webbasierter Bedien- und Beobachtungssysteme für didaktische Zwecke scheitert meist an den hohen Lizenzkosten. Darüber hinaus wird die gebotene Funktionalität auch nur zu einem Bruchteil benötigt.

- Der Einsatz von Werkzeugen, die ActiveX-Controls verwenden (sehr häufig) scheidet aus Sicherheitsgründen bei einem weltweiten Zugriff über das Internet meist aus.
- „Schlanke" Werkzeuge für den Zugriff auf Prozessdaten mittels Java-Applets werden nur wenige angeboten.

Hat man den Zugriff auf die Bedien- und Prozessdaten der Anlage gelöst, muss eine Web-Videokamera (kurz: Webcam) mit Echtzeit-Videostream zur optischen Beobach-tung integriert werden. Nur so kann die erforderliche Authentizität und Realitätsnähe gewährleistet werden.

Webcams und die dazu erforderliche Software (Videoserver) stehen kostengünstig zur Verfügung und lassen sich relativ problemlos für Telepraktika einsetzen.

Einige dafür geeignete Produkte sind in Tabelle 2 aufgelistet.

Tabelle 2. Webcam-Software, geeignet für Telepraktika

	iVista	WebCam32	Truetech
Hersteller	Inetcam, USA	Surveyor, Kanada	TrueTech, Niederland
Audio	ja	ja	ja
Serverport	fest	wählbar	wählbar
Motion Detection	ja	nein	nein
Screen Capture	ja	ja	nein
Recorder	ja	ja	ja
Abspielen von Clips	nein	nein	AVI

Im Ergebnis erhält man eine ähnliche Struktur wie in Abb. 1 dargestellt. Abhängig von den jeweiligen Anforderungen kann das Telepraktikum mit weiteren Komponenten ergänzt werden:

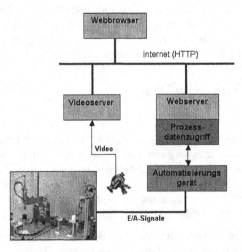

Abb. 1. Anlagenstruktur für ein Telepraktikum

- zusätzliche Webcams,
- räumlich positionierbare Webcams,
- Darstellung von 3D-Modellen,
- 2D- und 3D-Visualisierungskomponenten,
- Animationen und interaktive Simulationen.

3.2 Didaktik

Neben den für CBT bzw. WBT üblichen didaktischen Anforderungen müssen bei Telepraktika weitere Besonderheiten berücksichtigt werden. Dazu gehören:

- Vom Lernenden wird ein hohes Maß an Aktivität gefordert, da eine unmittelbare persönliche Betreuung fehlt. Passives Zuhören und Nachmachen wird durch aktive Exploration, eigene Analyse und Selbstkontrolle ersetzt.
- Die Nutzung von Betreuungsangeboten während des Telepraktikums erfordert vom Lernenden einen sicheren Umgang mit Internet-Kommunikationstools.
- Die reale Anlage sowie steuerbare Webcams können immer nur durch *einen* Nutzer bedient werden. Gruppenarbeit mit gegenseitiger Koordination ist deshalb nur mit Hilfe spezieller Synchronisierungsmittel möglich.
- Neue Lernszenarios müssen berücksichtigt werden, bei denen eine integrierte und interaktive Nutzung durch lokal verteilte Teilnehmer erfolgt.

Für eine weltweite Nutzung müssen didaktische Vorgehensweisen entwickelt werden, die länder- und kulturübergreifende Gültigkeit besitzen. Insgesamt gesehen sind hier noch eine Vielzahl von Fragen zu bearbeiten und geeignete Lösungen zu entwickeln.

Ergebnisse einer didaktisch fundierten Evaluation von Telepraktika liegen gegenwärtig kaum vor. Damit steht der eindeutige Nachweis der erzielbaren Lerneffizienz bezogen auf unterschiedliche Nutzergruppen noch aus.

3.3 Organisation und Administration

Die Realisierung eines Telepraktikums erfordert zusätzlich die Integration softwaretechnischer Komponenten zur Organisation von Lerneinheiten und Nutzern sowie für Pflege und Wartung des Gesamtsystems (Administration).

Beim klassischen E-Learning erfolgt dies in der Regel unter Nutzung von Lern-Management-Systemen (LMS), die aus folgenden Hauptkomponenten bestehen: Nutzermanagement, Contentmanagement, Administration und Kommunikationsmanagement

Für die Verwaltung von Telepraktika sind die üblichen LMS aus folgenden Gründen nur unzureichend einsetzbar:

- Die Systeme stammen häufig aus dem UNIX-Bereich und sind z. T. nur schwer verträglich mit den in der Automatisierungstechnik eingesetzten Echtzeitsteuerungen und Windows-Bediensystemen.
- LMS verwalten multimediale Inhalte in Datenbanken und besitzen keine Schnittstellen zu realen Anlagen. Die Integration dieser Schnittstellen erfordert meist tiefe Systemeingriffe unter Beteiligung des jeweiligen Betriebssystems und Webservers.

- Zum Erreichen der erforderlichen Interaktivität (Handlungsorientierung) benötigen die Lerneinheiten von Telepraktika häufig eine Vernetzung und Koordinierung einzelner Webkomponenten, für die die Autorentools von LMS nicht ausgelegt sind.
- Beim Nutzermanagement gehen LMS davon aus, dass auf eine Webseite praktisch beliebig viele Nutzer zugreifen können und sich nicht gegenseitig stören. Diese Voraussetzung ist bei Telepraktika nicht erfüllt. Hier müssen Techniken eingesetzt werden, die Webseiten nur für einzelne Nutzer und evtl. auch nur zu reservierten Zeiten zugänglich machen.
- Leistungsfähige und zuverlässige Lern-Management-Systemen kosten viel Geld (>20 000 €/Jahr) und sind für die meist kleineren bis mittleren Nutzergruppen in der Automatisierungstechnik überdimensioniert. Hier könnten zukünftig Open-Source-LMS (z.B. ILIAS, Uni Köln [6]) mit geeigneten Erweiterungen eine zunehmende Rolle spielen.

Für einen effizienten und kostengünstigen Aufbau von Telepraktika sind deshalb die Entwicklung geeigneter Werkzeuge (Telepraktikums-Kit) und Verwaltungssysteme erforderlich. Nur dann können die in vielen Bildungseinrichtungen vorhandenen didaktischen Anlagen auch von den Betreibern bzw. Anbietern ohne spezielles Knowhow über das Internet verfügbar gemacht werden.

3.4 Einsatzszenarien

Mit dem Einsatz von Telepraktika lassen sich viele Lernszenarien realisieren, die in der Ausbildung für komplexe Automatisierungssysteme zunehmend gefordert werden. Einige Beispiele dazu sind: Ausbildung für Teleservice, kollaboratives Lernen, Arbeit in gemischter Umgebung mit virtueller und realer Welt, länderübergreifende Teamarbeit. Abbildung 2 veranschaulicht am Beispiel des Projektes „Kooperatives

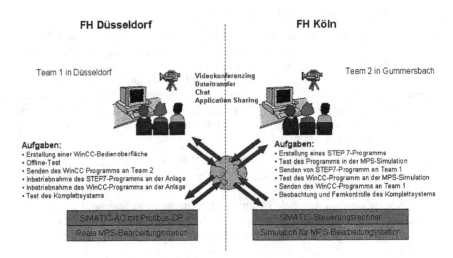

Abb. 2. Kollaborative Lernumgebung

Teleengineering" das kollaborative Lernen für Inbetriebnahmearbeiten an einer didaktischen Montagestation [7].

Zielsetzung des Projektes ist die Erprobung der Bearbeitung einer Automatisierungsaufgabe durch mehrere, örtlich getrennte Projektteams im Rahmen der Ausbildung von Elektroingenieuren in der Studienrichtung Automatisierungstechnik. Im Rahmen des Projektes wurden die Möglichkeiten und Grenzen einer kooperativen Lernumgebung erprobt und im Ergebnis in den Studienbetrieb der beteiligten FH's eingeführt.

4 Anwendungsbeispiel: Telepraktikum mit INTERBUS

Das folgende Beispiel ist ein Projekt der FH Düsseldorf gemeinsam mit Phoenix Contact und mit Beteiligung der Elektrotechnischen Universität St. Petersburg [8] und soll einige praktische Erfahrungen aus dem Betrieb eines Telepraktikums über einen längeren Zeitraum vermitteln.

4.1 Struktur und Aufbau

Allgemeine Lernaufgabe des Telepraktikums mit INTERBUS sind die Analyse einer Automatisierungsstation und die Erarbeitung von Projektierungsunterlagen unter intensiver Nutzung der realen Anlage mittels Telepräsenz. Eine solche Analysesituation tritt in der Praxis häufig auf (z.b. bei der Modifizierung, Erweiterung oder Modernisierung einer Automatisierungsanlage).

Als automatisierte Anlage wurde eine Werkstück-Prüfstation gewählt, die räumlich klar nachvollziehbare Aktionen durchführt und die im Endlosbetrieb arbeiten kann (Abb. 3). Die Steuerung erfolgt PC-basiert unter Nutzung des Feldbussystems Interbus.

Aufgabe der Automatisierungsstation ist die Erkennung von drei verschiedenen Werkstücken (Prüflinge) und deren Dickenmessung. Als Werkstücke werden drei Zylinder (zwei weiße und ein schwarzer) eingesetzt, die aus Metall bzw. Kunststoff bestehen. Die Werkstücke können durch einen pneumatisch betriebenen Transportarm aus entsprechenden Ablagen in eine Prüfeinheit eingelegt werden.

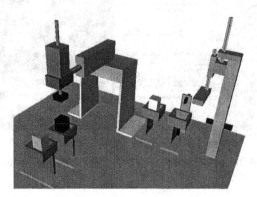

Abb. 3. Werkstück-Prüfstation als 3D-VRML-Modell

Zur Detektion des Werkstofftyps und der Farbe der Zylinder besitzt die Prüfeinheit drei verschiedene Sensoren (kapazitiv, induktiv und optisch) sowie eine Messeinrichtung zur Dickenmessung der Prüflinge. Alle Sensoren und Aktoren der Werkstück-Prüfstation werden über das Feldbussystem Interbus gesteuert.

Das Telepraktikum besteht aus sechs Aufgaben, die beginnend mit einfachen Beobachtungen zum konstruktiven Aufbau zu komplexeren Steuerungshandlungen an der Anlage führen:

Aufgabe 1: Konstruktives Kennenlernen der Station.
Aufgabe 2: Ermittlung der Interbus-Konfiguration.
Aufgabe 3: Ermittlung der E/A-Beschaltung am Interbus-Block für den Transportarm.
Aufgabe 4: Ermittlung der E/A-Beschaltung am Interbus-Block für die Prüfeinheit.
Aufgabe 5: Ermittlung der Sensoranordnungen und der Werkstücktypen.
Aufgabe 6: Projektierung und Test eines optimalen Prüfablaufes.

Zu jeder Aufgabe soll der Nutzer ein entsprechendes Arbeitsblatt ausfüllen, welches er über das Internet downloaden kann.

Zur Unterstützung der Nutzer steht zu festgelegten Zeiten ein Tutor über ein in die Webseiten integriertes Chat-Tool zur Verfügung. Ist die Anlage durch einen Nutzer bereits besetzt, können weitere Nutzer die Anlage zwar nicht steuern, aber zumindest als Beobachter den Ablauf verfolgen und sich über die Aufgabenstellungen informieren und vorbereiten.

Alle sechs Aufgabenseiten sind identisch aufgebaut und bieten eine konsistente Lernoberfläche, praktisch ohne Aufschaltung zusätzlicher Bedien- bzw. Anzeigefenster (Abb. 4). Damit sind alle erforderlichen Lernelemente immer im Blickfeld des Nutzers.

Das Telepraktikum wird vollständig in deutscher und englischer Sprache angeboten.

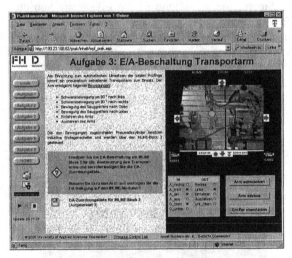

Abb. 4. Telepraktikums mit INTERBUS: Webseite für Aufgabe 3

4.2 Betriebserfahrungen

Das Telepraktikum nahm nach einer Testphase seinen vollständigen Betrieb mit Nutzerregistrierung am 01.11.2001 auf. Seit dieser Zeit läuft es im 24-h-Betrieb mit einer Verfügbarkeit von ca. 90%. Die englischsprachige Version ist bereits seit Mai 2002 freigeschaltet.

Seit Betriebsbeginn besuchten bisher ca. 8000 Nutzer die Homepage und 450 Nutzer ließen sich als Teilnehmer registrieren. Nach der Herkunft ergibt sich folgende Nutzerstruktur: Hochschulen (25 %), Berufsschulen/-kollegs u. ä (35 %), betriebliche Ausbildungseinrichtungen (32 %), Privatpersonen (8 %).Unter den registrierten Nutzern sind auch ca. 20% Teilnehmer aus dem nichtdeutschsprachigem Ausland.

Das Telepraktikum wurde u. a. durch Ingenieurstudenten der FH Düsseldorf und durch eine Gruppe von Auszubildenden der Elektronikschule Tettnang getestet und evaluiert (insgesamt ca. 25 Personen). Dabei zeigten sich erhebliche Unterschiede in den beiden Nutzergruppen: Während die Ingenieurstudenten das Praktikum unter Zuhilfenahme der downloadbaren Praktikumsunterlagen im Wesentlichen selbstständig durchführen konnten, benötigen Auszubildende eine Anleitung durch einen Betreuer in einer vorgeschalteten Präsenzveranstaltung. Dies stützt auch die Schlussfolgerungen aus anderen E-Learning-Evaluierungen, nach denen im beruflichen Ausbildungssektor eine Selbstlernfähigkeit eher weniger ausgeprägt ist und Mischformen (Blended Learning) von E-Learning und Präsenzbetreuung für diese Fälle besser geeignet sind. In anderen Ländern und mit einer anderen Lernkultur kann dies aber durchaus verschieden sein.

Die Evaluierung dieses Telepraktikums anhand von 10 Kriterien (GUI, Navigation, Nutzung, Hilfemenu, Einführung, Versuchsinfo, Simulation u. Grafik, Funktion, Datenfluss, Webcam) zeigte im Wesentlichen ein positives Ergebnis. Auf einer Punkteskala von +3 ...–3 wurde durchschnittlich eine +2 erreicht. Dabei ergeben sich für einzelne Kriterien aber große Streubreiten, aus denen sich zwei Schlussfolgerungen ableiten lassen:

1. Die effiziente Arbeit mit dem Telepraktikum ist bei unterschiedlichen Nutzern sehr verschieden ausgeprägt und hängt offenbar stark von den individuellen Voraussetzungen ab. Dies betrifft die fachlichen Vorkenntnisse, aber mehr noch die Fähigkeiten zum Umgang mit Computerprogrammen (ergonomische Aspekte).
2. Die technischen Rahmenbedingungen, insbesondere die Zugangsqualität zum Internet, beeinflussen erheblich die Nutzbarkeit des Telepraktikums. Unterhalb einer ISDN-Zugangsgeschwindigkeit ist die Arbeit im Telepraktikum erheblich erschwert (langsam, Browserabstürze, Verbindungsabbruch).

Ein wesentliches Problem für das Telepraktikum ist, bezogen auf den Entwicklungs- sowie Wartungs- und Betriebsaufwand, eine zu geringe Auslastung. Pro Jahr stehen etwa 7000 Betriebsstunden zur Verfügung, davon wurden im letzten Jahr nur ca. 360 genutzt. Die Nutzung erfolgte ausschließlich werktags zwischen 9 und 17 Uhr.

4.3 Schlussfolgerungen und zukünftige Anwendungen

Aus der bisherigen Arbeit mit dem Telepraktikum ergeben sich einige Schlussfolgerungen für zukünftige Aufgaben. Dazu gehören insbesondere:

- die signifikante Erhöhung der Nutzerzahl und Auslastung, um fundiertere Evaluationsergebnisse zu erhalten,
- die Verbesserung der webbasierten Vorbereitung auf das Telepraktikum zur besseren Angleichung der Nutzer mit unterschiedlichen individuellen Eingangsvoraussetzungen und
- die Überarbeitung der Usability der Webseiten zum Telepraktikum.

Aktuell laufen auch in Deutschland Entwicklungsvorhaben zum Aufbau von Telepraktika für die Automatisierungstechnik.

Schwerpunkt dieser Projekte sind Telepraktika-Netzwerke, die dem Nutzer konsistente Lernumgebungen für die Durchführung webbasierter Praktikumsarbeiten mit Telepräsenz bieten. Darüber hinaus kommen verstärkt Multimediaelemente wie 3D-Modelle und Simulationen zur Erläuterung komplizierter Zusammenhänge zum Einsatz.

Telepraktika sind in CONTROL-NET und LearNET bereits verfügbar. Im Unterschied zu den bisherigen Telepraktika, die (aus Sicherheitsgründen) immer nur einen begrenzten Prozesszugriff auf die reale Anlage mit Parametrierung, Konfigurierung und Bedienung bieten, wird es zukünftig auch Telepraktika geben, die eine freiere Programmierbarkeit der jeweiligen Anlage über das Web ermöglichen.

5 Zusammenfassung

Die Entwicklungsarbeiten zum praxis- und handlungsorientierten E-Learning für Automatisierungstechniker in Form von Telepraktika werden durch deutsche Hochschulen intensiv vorangetrieben. Auch international scheint hier ein ausgezeichneter Entwicklungsstand erreicht zu sein.

Welche generellen Herausforderungen sind nach Auffassung der Autoren weiter zu lösen?

1. Aus technischer Sicht sind Zuverlässigkeit und Stabilität der verfügbaren und sich noch in Entwicklung befindlichen Telepraktika weiter zu erhöhen bzw. zu sichern. Außerdem sind zu berücksichtigen:
   - Ergonomie und Aufgabenstruktur sollten mehr auf individuelle Eingangsvor-aussetzungen der Nutzer angepasst werden.
   - Es müssen Kommunikationsmechanismen zur Verfügung stehen, über die die Nutzer von Betreuern bzw. von anderen Nutzern Hilfe erhalten.
   - Grafische Simulationen, Animationen und 3D-Modelle sollten als fester Bestandteil integriert werden.
   - Es sind spezielle Toolkits und Werkzeuge zu entwickeln, die auch ohne spezielles Know-how das Betreiben von didaktischen Anlagen am Netz ermöglichen.
   - Für Telepraktika-Netzwerke/Pools sollten geeignete Lern-Management-Systeme entwickelt werden.
2. Zur Verbesserung der Aussagen über Vorteile und Nutzen von Telepraktika sollten die nachweisbaren Nutzerzahlen erhöht werden, um entsprechende Evaluationen mit größeren und verschiedenartigen Nutzergruppen durchzuführen. Es sind verstärkt Nutzergruppen aus der beruflichen Erstqualifizierung einzubeziehen.

3. Möglichkeiten zur Sicherung der Nachhaltigkeit dazu sind z.B.
    – Entwicklung und Umsetzung von Geschäfts- bzw. von Betreibermodellen durch die Hochschulen selbst (Ausgründungen).
    – Kooperation mit interessierten öffentlichen und betrieblichen Ausbildungseinrichtungen mit dem Ziel der Vermarktung von Telepraktika.
    – Zusammenarbeit mit Lehr- und Lernmittelherstellern.
    – Verstärkte Integration von Automatisierungsfirmen in Telepraktika-Projekte, die Interesse an einer zukünftigen Nutzung zeigen.
4. Es sollten Vorschläge entwickelt werden, wie das aktuell erreichte hohe Leistungsniveau der deutschen Telepraktika in der Automatisierungstechnik für weltweite Lernangebote genutzt werden kann. Dazu müssen zumindest die betreffenden Telepraktika in englischer Sprache und im zuverlässigen 24-h-Betrieb angeboten werden.

Phoenix Contact wird diese Entwicklungen weiter mit vorantreiben. Sollte diese Art von Wissenstransfer und Darstellung noch mehr Akzeptanz und Verbreitung finden, wäre es für die Nutzer und Anbieter ein wesentlicher Wettbewerbsvorteil. Da gerade bei dieser Entwicklung die Fachhochschule gleichzeitig „Kunde" und „Entwickler" sein kann, bietet sich hier eine hervorragende Chance der Zusammenarbeit zwischen Bildung, Wissenschaft und Industrie. Diese Chance sollte von allen aktiv genutzt um umgesetzt werden.

Literaturverzeichnis

1. Bildungsportal: http://www.studieren-im-netz.de
2. LearnWARE: http://www.pol.de
3. Timerbaev, A., Langmann, R.: Webzugriff auf Prozessdaten: IIS-Anwendungen. SPS-Magazin, 4+5/2002, S. 91–93
4. Timerbaev, A., Langmann,R.: Webzugriff auf Prozessdaten: Remote Scripting. SPS-Magazin, HMI-Spezial/2002, S. 80–82
5. Timerbaev, A., Langmann,R.: Webzugriff auf Prozessdaten: Java. SPS-Magazin, 6/2002, S. 43–45
6. ILIAS: http://www.ilias.uni-koeln.de/ios/index.html
7. Langmann, R.: Teleteaching in multimedialer Lernumgebung. Präsentation im Forum „Ausbildungspraxis" auf der interschul-didacta '2000 in Köln am 15.02.00
8. Langmann, R.: Telepraktikum mit INTERBUS. – GMA-Kongreß, Baden-Baden 22.– 23.05.01, VDI-Berichte 1668, S. 469–476

Inkrementelle Entwicklung von Produktionsanlagen über gekapselte Mechatronik-Objekte

Uwe Schmidtmann, Gerhard Kreutz, Niels-Peter Grimm, Rainer Koers,
Jörg Robbe, Bodo Wenker

Institut der Informatik für Automatisierungstechnik
und Robotik (IAR)FH OOW Emden

E-mail: {schmidtmann,grimm,kreutz,koers,robbe,wenker}@i2ar.de

Zusammenfassung. Fertigungssysteme werden mit Hilfe von sehr unterschiedlichen Werkzeugen modelliert und entwickelt, z.B. CAD für die mechanische Konstruktion, CAE für die elektrische Projektierung und IDEs für die Programmierung der Steuerungen. In der Regel fokussieren sich die Werkzeuge auf einen speziellen Teilaspekt der Produktionseinheit und erzeugen Dateien, die nur von dem eigenen Programm verwendet werden können. Im Rahmen der Modularisierung der Fertigungseinheiten (Baukastenprinzip) wurde von Amerongen und Hewit der Begriff Mechatronik-Objekt (MO) eingeführt, der alle Informationen einer Fertigungskomponente abstrakt als Einheit auffasst.

Dieser Beitrag erweitert das Modell so, dass zueinander in Relation stehende Informationen von Datenobjekten eines MO synchronisiert werden können. Es basiert auf dem Konzept ganzheitlicher mechatronischer Objekte (holistic mechatronic objects, HMO), die Produktionseinheiten und deren Datenobjekte zusammen mit den Zugriffsmethoden kapseln. HMO eignen sich gut für die 3D-Simulation von Automatisierungssystemen auf einem Rechen-Cluster. Sie basiert dabei auf den aus dem CAD-System exportierten VRML-Daten, die mit der Simulation des für die Steuerung vorgesehenen Cluster verknüpft wird. Im Ergebnis wird so eine zeitlich parallele Entwicklung der mechanischen Konstruktion und der Steuerungssoftware ermöglicht, die in einer maßstabsgetreuen Simulationsumgebung getestet werden kann – Stichwort Digtale Fabrik.

1 Einleitung

Die Fertigung in 2020 wird nach Ansicht der EU [6,7], der National Academy of Science der USA [3], der ARC Advisory Group [1,2] und anderer Institutionen durch individuell gestaltete Produkte mit geringen Stückzahlen bestimmt werden. Fertigungseinheiten müssen daher miteinander kommunizieren können sowie schnell und einfach umkonfigurierbar sein. Diese Anforderungen können mit den bisherigen Automatisierungskomponenten und Werkzeugen nicht erfüllt werden, da diese stark herstellerbezogen und i.d.R. zueinander inkompatibel sind. Zudem sind die Kosten für Lizenzen und Schulungen der Werkzeuge so hoch, dass sich die Anwender meistens an einen Lieferanten binden, statt die jeweils besten Komponenten für ihre Automatisierung auszuwählen. Abhilfe schafft eine offene, über alle Ebenen der Entwicklung reichende Werkzeugkette, wie sie z.B. von der OOONEIDA-Initiative (http://www.oooneida.info) propagiert wird: Das jeweilige Wissen wird mit den entwickelten Komponenten verbunden.

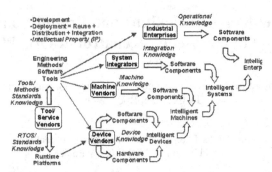

Abb. 1. OOONEIDA: Gekapseltes Hard- und Software-Know-How

Die Konzipierung von Entwurfsmethoden für flexible, skalierbare Fertigungen stehen somit im Zentrum aktueller Arbeiten. Eine Produktionseinheit setzt sich aus unterschiedlichen Komponenten (Förderbänder, Umsetzer, Bearbeitungsinseln usw.) zusammen, die durch Rechner gesteuert werden. Die Rechner selber sind über Bussysteme mit den jeweiligen Sensoren und Aktoren verbunden. Bei der Konstruktion dieser Anlagen wird die mechanische Konstruktion von CAD-Werkzeugen übernommen. Im nachfolgenden Schritt erfolgt die elektrische Projektierung in einer CAE-Umgebung, an den sich zum Schluss die Programmierung anschließt. In der Regel sind die einzelnen Werkzeuge nicht über eine gemeinsame Datenbank miteinander verbunden. Eine ganzheitliche Sicht auf die zu entwickelnde Einheit wird so nicht gefördert, zumal die Entwickler durch verschiedene, traditionelle Sichtweisen ihrer unterschiedlichen Ingenieurdisziplinen geprägt sind. Designfehler in der Mechanik, die erst in der Programmierung entdeckt werden, führen aufgrund der zeitlichen Abfolgen zu erheblichen Verzögerungen und Mehrarbeiten. Detailänderungen in einem Teilbereich wie beispielsweise eine Anschlussbelegung können zu schwer diagnostizierbaren Fehlern führen, falls sie von den anderen Beteiligten übersehen oder nicht kommuniziert worden sind. Darüber hinaus ist es besonders schwierig, mit diesem Datenmaterial eine Verifikation oder Simulation durchzuführen. Die traditionelle Vorgehensweise entspricht nicht den Anforderungen an eine flexible, skalierbare Fertigung.

In Zukunft ist eine ganzheitliche Sicht auf die Automatisierungskomponenten zwingend nötig, die alle Informationen einer Komponente für alle Werkzeuge zur Verfügung stellt. Zu diesem Zweck haben Amerongen [16] und Hewit [9] den Begriff *mechatronic object* (MO) eingeführt, um auf den besonderen Zusammenhang zwischen den mechanischen und elektrischen Daten einerseits und den Informationstechnischen Daten andererseits zu hinzuweisen. Bonfè und Fantuzzi [4,5] haben erstmals Funktionsblöcke als Repräsentanten für den Informationstechnischen Teil der MO identifiziert. Eine Reihe von Autoren nutzen diesen objektorientierten Ansatz wie beispielsweise Thramboulidis [14,15], um mit UML eine allgemeine Modellierung einer Fertigungsanlage *topdown* zu erzielen. Der Nachteil ist auch in diesem Ansatz, dass die mechanischen Eigenschaften und Fähigkeiten der Objekte aus den CAD-Daten nicht berücksichtigt werden. Unter einem **ganzheitlichen mechatronischen Objekt** (*holistic mechatronic object*, HMO) wird ein MO verstanden, dass alle Daten des Objektes von der mechanischen Konstruktion bis hin zur Steuerung umfasst und Methoden beinhaltet, die redundante Informationen synchronisieren sowie eine einheitliche Sicht auf das Objekt gestatten. Sie basieren auf den spezifischen Daten der Projektierungs-Werkzeuge und beinhalten gleichzeitig Transformationsregeln um die Objekte für unterschiedliche Anwendungsfälle nutzbar zu machen.

In dieser Arbeit wird der Versuch unternommen, mit einer ersten Implementation die Idee ganzheitlichen mechatronischen Objekte an einem Beispiel zu konkretisieren und deren Effizienz zu demonstrieren. Für diese erste Implementation wurden die CAD- und CAE-Werkzeuge der Firma EPLAN (LOGOCAD/TRIGA und ePlan5, http://eplan.de) sowie die IDE der Firma SENGATEC (*ems-drd*, http://www.sengatec.de) ausgewählt.

Im Abschnitt 2 wird zunächst ein Überblick über die verteilte virtuelle Maschine (*rt-dvm*) und die zugehörige IDE *ems-drd* gegeben, deren Konzept sich sehr gut für die Simulation der unterliegenden Steuerungshardware eignet. Ausgehend von der Idee der Verknüpfung der Programme LOGOCAD/TRIGA (CAD 3D) mit ePlan5 (CAE) über den Process Information Bus (PIB) wird im Abschnitt 3 gezeigt, wie sich dieser Ansatz im Sinne der HMO erweitern lässt. Die Effizienz dieses Ansatzes wird im Abschnitt 4 mit der darauf aufbauenden 3D-Simulation und der 3D-Visualisierung von HMO demonstriert.

2 IDE *ems-drd* und die echtzeitfähige, verteilte Maschine (*rt-dvm*)

Gemäß der OOONEIDA-Iniative wurde am Institut IAR gemeinsam mit der Firma SENGATEC eine Entwicklungsplattform geschaffen, die zwei Hauptanliegen [12] erfüllt. Mit der *rt-dvm* (realtime distributed virtual machine) wird eine Plattform zur transparenten Steuerung eines verteilten Automatisierungssystems bereitgestellt. Die *ems-drd* (easy modular system for distributed realtime development) Entwicklungsumgebung unterstützt die inkrementelle Projektierung und Entwicklung von Fertigungseinheiten.

2.1 Implementation der Plattform *rt-dvm*

Die *rt-dvm* basiert auf dem Echtzeit-Kern des vorhandenen Betriebssystems (RT-OS). Sie ist jedoch durch eine Abstraktionsschicht getrennt, so dass Änderungen an der Hardwareplattform keine Rückwirkungen auf die Steuerung haben. Grundlage der *rt-dvm* bildet Linux in Kombination mit RT-Linux von FSMLabs Inc. (http://www.rtlinux.org). Eine Portierung nach RTAI (http://www.aero. polimi.it/ rtai) befindet sich derzeit in der Betaphase. Die Entscheidung für Linux ist zukunftsweisend, denn neben der harten Echtzeitfähigkeit stehen alle Internettechniken im Nicht-Echtzeit-Bereich zur Verfügung. Ein weiterer Vorteil ist, dass der Quellcode sowohl von der *rt-dvm*, als auch von Linux/RT-Linux frei verfügbar ist. Selbst nach Jahren kann der Anwender das System modifizieren. Die *rt-dvm* besteht aus einer Vermittlungseinheit (*core-dvm*) zusammen mit den Treibern und den Applikationen. Verschiedene Systemtasks vervollständigen das System und können weitere Anwendungen starten bzw. stoppen, debuggen, etc. Sie stehen mit Agenten in Verbindung, die im Linux-Bereich laufen und über TCP/IP ansprechbar sind. Im Echtzeitbereich kommunizieren die Treiber und die Applikationen über die *core-dvm*. Dabei ist es unerheblich, ob sie auf einem oder auf unterschiedlichen PCs gestartet werden (s. Abb. 2). Mehrere Tasks werden zu einem Modul zusammengefasst. Jedes Modul enthält eine spezielle Task (Postmaster), die alle ein- und ausgehenden Nachrichten verwaltet und die Timeout-Funktion implementiert.

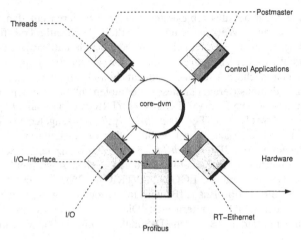

Abb. 2. Module der *rt-dvm*

2.2 Die Geräte der *rt-dvm*

Jedes Gerät der *rt-dvm* verfügt über eine einheitliche Schnittstelle, die aus drei Nachrichtenkanälen besteht (s. Abb. 3). Über den Kanal *RAW* werden Botschaften entgegengenommen, die exakt zur angeschlossenen Hardware passen. Sie können ohne

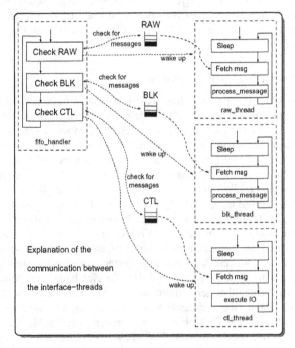

Abb. 3. Geräte der RT-DVM

Zeitverlust direkt weitergeleitet werden. Der Kanal *BLK* nimmt große Datenpakete entgegen, die aufgeteilt werden müssen. Kommandos zur Konfiguration und Steuerung werden über den Kanal *CTL* an das Gerät gesendet. Das Format einer Nachricht wird für jedes Gerät in einer eigenen XML-Datei definiert.

2.3 Entwicklungsumgebung für die rt-dvm

Für die Konfiguration und für die Programmierung der *rt-dvm* sind parallel Programme entstanden, die weniger erfahrenen Anwendern eine intuitive Bedienung des Systems gestatten. Im Mittelpunkt stehen *drd-NetConfig* und *drd-SourceConfig* [s. Abb. 4]. Mit *drd-NetConfig* wird ein Projekt angelegt und die Struktur definiert, die für die Steuerung der späteren Anlage relevant ist. Desweiteren werden die Feldbusse, IOs und die Kommunikationskanäle projektiert. Die genannten Werkzeuge legen einen Projektbaum an, der für die Generierung der Systemsoftware der Zielknoten alle Dateien und Informationen enthält. Nach Abschluss der Hardwarekonfiguration kann mit dem *drd-SourceEditor* die Applikation erstellt werden, die ihre Dateien ebenfalls im Projektbaum anlegt. Alle Informationen der einzelnen Werkzeuge werden über eine Datenbank synchronisiert.

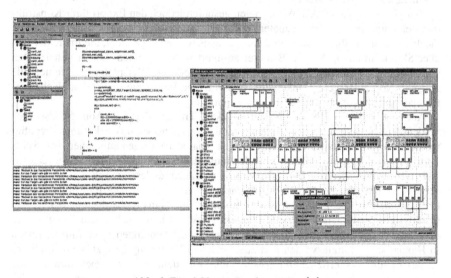

Abb. 4. Entwicklungsumgebung *ems-drd*

3 Ganzheitliche mechatronische Objekte

Individuell gestaltete Produkte und kleine Losgrößen führen zu immer geringeren Projektierungs- und Rekonfigurierungszeiten, die nur erzielbar sind, wenn alle Entwicklungsprozesse koordiniert und zeitlich parallel ablaufen. Die Simulation der Steuerungshardware sowie die Visualisierung der Mechanik auf der Basis der aktuell aus den Entwicklungswerkzeugen verfügbaren Informationen würde den Prozess erheblich beschleunigen.

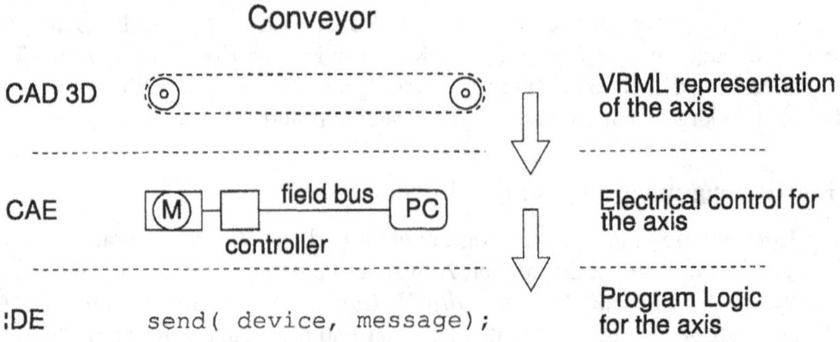

Conveyor

CAD 3D ⊙··⊙   VRML representation
                                                       of the axis

CAE   Ⓜ─┤ ☐ field bus ─PC   Electrical control for
                   controller   the axis

IDE   send(device, message);   Program Logic
                                                       for the axis

Abb. 5. Gewinnung von Informationen aus verschiedenen Entwicklungswerkzeugen

Die traditionelle Simulation von Fertigungseinheiten unter Einschluss der Visualisierung (s. z.B. Ong/Nee[11] und Mayr [10]) erfolgt meistens über gesonderte Werkzeuge, mit deren Hilfe die mechatronischen Objekte in einer reduzierten Darstellung erstellt und animiert werden können. Diese Form der digitalen Prototypen ist mit einem erheblichen Zusatzaufwand verbunden, da alle Zeichnungen und Skripte zur Animation zusätzlich erstellt werden.

Eine Reihe von 3D-CAD-Werkzeugen gestatten jedoch den Export ihrer Konstruktionszeichnungen in einer adäquaten, reduzierten Detailtreue als VRML-Dateien. Die mechatronischen Objekte werden dabei auf Szenegrafen abgebildet, die interaktiv und über Skripte in einem VRML-Browser animiert werden können. Leider gehen dabei eine Reihe von kinematischen Informationen verloren. Beispielsweise fehlen die Angaben von zulässigen Winkelbereichen, die eine Reihe von manuellen Nacharbeiten bedingen, bevor die Datei genutzt werden kann.

Am Beispiel des mechatronischen Objektes Transportband (s. Abb. 5) lässt sich verdeutlichen, welche Informationen von den verschiedenen Werkzeugen benötigt werden, um eine Simulation des Objektes automatisch erzeugen zu können. Im exportierten Szenegrafen des Transportbandes muss der Name der Antriebsachse identifiziert werden. Aus dem CAE-Werkzeug gilt es, die Kette des zur Achse zugeordneten Motors bis hin zum Rechner für die Simulation zu ermitteln. Die IDE bildet für die Programmierung die Ein- und Ausgabenkanäle auf Namen ab, die mit den realen Geräten korrespondieren. Nur mit einigem Aufwand und erheblichem Detailwissen über die Werkzeuge können über Listenausgaben die benötigten Detailinformationen in Handarbeit ermittelt werden und zueinander in Beziehung gesetzt werden. Dieser Ansatz ist für einen effizienten Entwicklungszyklus denkbar ungeeignet, zumal kleine Änderungen in einem Teilbereich bereits enorme Nacharbeiten nach sich ziehen können, ganz abgesehen von Inkonsistenzen, die durch den fehlenden Abgleich der Namen entstehen.

Sollen alle Informationen eines mechatronischen Objektes für die Simulation und Visualisierung effizient genutzt werden, so könnte dies leichter über ein vereinheitlichtes Metamodell für MO erzielt werden. Ein Vorbild hierfür liefert der Ansatz von Obrenovic, Starcevic and Selic [13], die Metaregeln und Transformationen für Multimediaobjekte vorgestellt haben. Jeder Teil eines mechatronischen Objekts wird über Metamodelle und die zugehörigen Metaregeln beschrieben (s. Abb. 6). In der konkreten Implementierung werden die Metaregeln auf Transformationen abgebildet, die

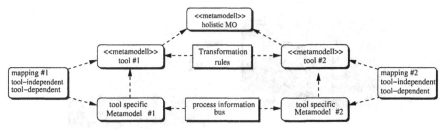

Abb. 6. Metamodell für ganzheitliche mechatronische Objekte

von den jeweiligen Applikationen und Werkzeugen zur einheitlichen Informations-gewinnung verwendet werden. Ganzheitliche mechatronische Objekte können so als mechatronische Objekte mit einem adäquaten Metamodell aufgefasst werden.

Für die angemessene Formulierung eines solchen Metamodells sind einige Studien unerlässlich. Ausgehend von den CAD- und CAE-Softwareplattformen von EPLAN sowie der IDE-Plattform *ems-drd* werden in einigen Detailstudien die Anforderungen im Speziellen an die Transformationsregeln untersucht sowie ein Modell einer Platt-form entwickelt, die eine automatische Generierung der Simulation und Visualisie-rung erleichtert. Da EPLAN bereits begonnen hat, Transformationsregeln annähe-rungsweise mit seinem neuen Konzept des *Process Information Bus* (PIB) für die Kopplung seiner beiden Plattformen LOGOCAD/TRIGA und ePlan5 zu realisieren, wird auch dieses Projekt der Einfachheit halber mit diesem Ansatz starten. Zur Zeit wird eine entsprechende Kopplung der *ems-drd* zum PIB realisiert.

4 Simulation mit Visualisierung

Die Simulation der Steuerungshardware dient der Animation der 3D-Ansicht Die simulierten Sensoren und Aktoren kommunizieren über Messages mit der VRML-basierten Darstellung des Objektes, die im einstellbaren Simulationstakt den Szene-grafen mit neuen Werten bedient und so für die Animation sorgt.

4.1 Änderungen an der *rt-dvm*

Ein Gerät der *rt-dvm* besteht aus zwei Teilen (s. Abb. 3) dem *Driver Interface* und dem RT-Linux Treiber. Dieser modulare Aufbau erlaubt einen einfachen Austausch eines realen Treibers (z.B. für Feldbusse, IOs, etc.) gegen einen virtuellen Treiber (vgl. Abb. 7), der alle Messages an die Simulation weiterleitet.

Eingehende Daten werden zunächst in den Nicht-Echtzeit-Bereich weitergeleitet; dort werden sie von einem Client entgegegenommen und an den Simulationsagenten gesendet (s. Abb. 8). Dabei werden die Zeiten entsprechend dem einstellbaren Simu-lationstakt gedehnt. Die Steuerungssoftware geht jedoch immer von den realen Zeiten aus, so dass die Software für den produktiven Einsatz nicht mehr geändert werden muss.

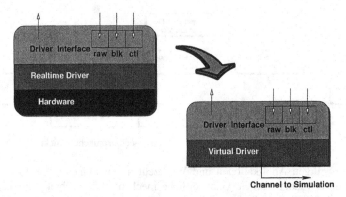

Abb. 7. Austausch der Treiberobjekte der *rt-dvm* Geräte für die Simulation

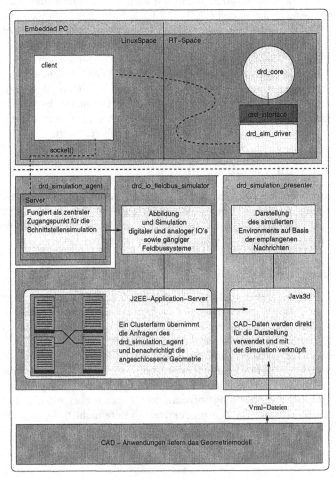

Abb. 8. Übersicht der Module

4.2 Das Konzept der verteilten Simulation

Das Simulationssystem einschließlich der Visualisierung besteht aus drei Hauptmodulen (s. Abb. 8), die mit etablierten Java-Technologien realisiert werden. Zusätzlich wird für die Darstellung und die Bedienung eine 3D-fähige Hardware benötigt.

Simulation_Agent: Dieser Agent wird der Kommunikationspartner für alle realen oder simulierten Zielknoten sein. Für diese Aufgabe wird dieser Programmteil in mehreren Instanzen gestartet, die alle auf dem Cluster berechnet werden. Dabei sorgt ein vorgeschaltetes System für die gleichmäßige Auslastung.

IO_Fieldbus_Simulator: Die Aufgabe dieses Moduls besteht darin, eine reale Hardware nachzubilden (vgl. Abb. 9). Zu diesem Zweck werden alle elektrischen Signale der zu simulierenden Geräte in diesem Modul definiert und simuliert. Dies gilt insbersondere auch für die unterschiedlichen Feldbusse der Automatisierungstechnik. Alle Daten werden an die Java 3D-Simulation gemeldet, wo auch die Kollisionserkennung stattfindet.

Simulation_presenter: Das komplette 3D-Model wird in dieser Oberfläche berechnet. Zur Zeit werden hier zwei unterschiedliche Ansätze verfolgt. Eine Möglichkeit ist die Verlagerung der Visualisierung auf den Cluster mit der Technik von Guarraciano, Laccetti und Romano [8]. Eine Alternative ist die Unterteilung der mechatronischen Objekte in verschiedene Szenegrafen. Bei dieser Vorgehensweise berechnet der Cluster jeweils einen Teilaspekt der Szene und das Ergebnis wird nach der Beendigung wieder zusammengeführt.

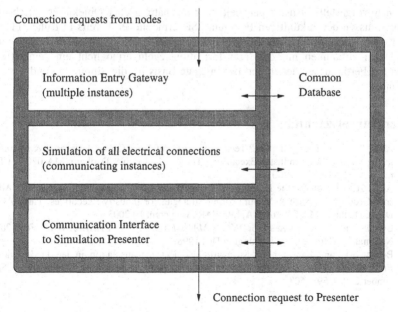

Abb. 9. Konzept des IO-Simulators

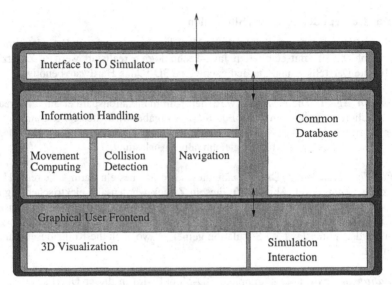

Abb. 10. Struktur der Simulationsoberfläche

Alle Informationen über eventuelle Kollisionen werden von den jeweiligen Sensorknoten verarbeitet und wieder an den *IO_Fieldbus_Simulator* gemeldet.

5 Fazit

Der hier vorgestellte Ansatz ganzheitlicher mechatronischer Objekte entspricht den Erfordernissen der zukünftigen Fertigung. Sie ermöglichen bereits in frühen Phasen der Konstruktion eine Verifikation der späteren Fertigung. Die besondere Kapselung der Daten zusammen mit den Transformationsregeln ermöglicht eine einheitliche Sicht auf Fertigungseinheiten und ist eine gute Basis für die Simulation und Visualisierung.

Literaturverzeichnis

1. ARC. PLC's: Is There a Future? Tech. rep., ARC Advisory Group, Enterprise & Manufactoring Strategies for Industry Executives, Three Allied Drive, Dedham, MA 02026 USA, http://ARCweb.com, 7 2001.
2. ARC. Automation for the Discrete Industrie Worldwide Outlook. Tech. rep., ARC Advisory Group, Enterprise & Manufactoring Strategies for Industry Executives, Three Allied Drive, Dedham, MA 02026 USA, http://ARCweb.com, 10 2003.
3. BOLLINGER, J., AND ET AL. *VISIONARY MANUFACTURING CHALLENGES FOR 2020.* National Academy Press, Washington DC, 1998.
4. BONFÈ, M., and Fantuzzi, C. Mechatronic objects encapsulation in iec 1131–3 norm. *Proceedings of the 2000 IEEE International Conference on Control Applications* (September 2000), 598–603.

5. BONFÈ, M., AND FANTUZZI, C. Design and veri_cation of mechatronic objectoriented models for industrial control systems. *Proceedings ETFA'03 IEEE International Conference on Emerging Technologies and Factory Automation 2* (September 2003), 253–260.

6. EU-COMMISSION, Ed. MANUFACTURE – *a vision for 2020 Assuring the future of manufacturing in Europe* (Luxembourg, 2004), Office for Official Publications of the European Communities, ISBN 92-894-8322-9.

7. EU-COMMISSION. Towards an IST Strategy for manufacturing. Tech. rep., EUCommission, Draft Internal Report, 2004.

8. GUARRACINO, M., LACCETTI, G., AND ROMANO, D. A model-driven approach to content repurposing. *IEEE International Conference on Cluster Computing* (December 2000), 201–208.

9. HEWIT, J., AND BOUAZZA-MAROUF, K. Practical control enhancement via mechatronics design. *IEEE Transactions on Industrial Electronics 34*, 1 (Februar 1996), 16–22.

10. MAYR, H. Virtual Automation Environments, Design, Modelling, Visualisation, Simulation. Marcel Dekker, N.Y., Basel, 2002.

11. ONG, S., AND NEE, A., Eds. Virtual and Augmented Reality Applications in Manufacturing. Springer, London, Berlin, Stuttgart, 2004.

12. SCHMIDTMANN, U., KREUTZ, G., WENKER, B., AND KOERS, R. ems-drd – a new open platform for distributed realtime programming. *Proceedings of the Second International Conference on Industrial Informatics INDIN'04* (June 2004), 80–86.

13. SELIC, B. A model-driven approach to content repurposing. *IEEE Computer Society* (March 2004), 62–71.

14. THRAMBOULIDIS, K. Model integrated mechatronics: An architecture for the model driven development of manufacturing systems. *IEEE International Conference on Cluster Computing* (2004), 6.

15. THRAMBOULIDIS, K. Model-integrated mechatronics – toward a new paradigm in development of manufacturing systems. *IEEE Transactions on Industrial Informatics* (Februar 2005), 54–61.

16. VAN AMERONGEN, J. The role of control in mechatronics. *Engineering Science and Education Journal* (June 2000), 105–112.

Werkzeuge

UML for Systems Engineering (SysML)
Eine Notation zur Beschreibung von Systemen

Dipl.-Inf. Andreas Korff

ARTiSAN Software Tools GmbH, Eupener Str. 135–137, 50933 Köln,

E-mail: andreas.korff@artisansw.com

Zusammenfassung. Die kontinuierliche Weiterentwicklung der objektorientierten Beschreibungssprache für softwarelastige Systeme UML durch die Object Management Group erfolgt momentan zweigleisig: Neben der UML 2 wird an der Systems Modelling Language (SysML) zur Beschreibung von Systemen gearbeitet, zusammen mit INCOSE, dem International Council on Systems Engineering. Gemeinsam beantworten sie ein Request for Proposal der OMG, das eine Adaption der UML zur Systembeschreibung vorschlägt. Dabei werden die generischen Mechanismen der UML zur domänenspezifischen Erweiterung des Notationsumfangs genutzt. Der aktuelle Sachstand ist die Spezifikation V0.9, die hier exemplarisch vorgestellt werden soll.

1 Einleitung

Im März 2003 veröffentlichte die Object Management Group (OMG) ein Request for Proposal zur Adaption der UML. Ziel ist eine neue grafische Beschreibungssprache für Systeme und Systems Engineering. Die daraufhin im Mai 2003 formierte Arbeitsgruppe, die SysML Partners, formulierte einen Vorschlag für die SysML, der die Spezifikation, die Analyse, das Design, die Verifikation und Validierung einer Vielzahl von Systemen und Systemnetzwerken unterstützt. Diese Systembeschreibungen sollen Hardware, Software, Information, Prozesse, Personal und Anlagen umfassen können. In der informellen Arbeitsgruppe der SysML Partner arbeiten führende Industrieunternehmen, Regierungsbehörden und Toolhersteller zusammen. Im Januar 2005 wurde von den SysML Partnern die Spezifikation V0.9 veröffentlicht, seit Ende Mai 2005 gibt es ein Addendum zur Spezifikation V0.9, das die Ergebnisse der Überprüfungen und prototypischen Implementierungen eines SysML-Profils durch die verschiedenen Toolhersteller beinhaltet.

Um so praxistauglich wie nur möglich zu sein, arbeiten die SysML Partner mit dem International Council on Systems Engineering zusammen, um deren Expertise im Bereich Systems Engineering einfließen zu lassen. Im Bereich der Standardisierung gibt es eine Zusammenarbeit mit der ISO AP-233 Working Group, um die SysML passend zum kommenden ISO AP-233 Standard für den Datenaustausch zwischen verschiedenen Systems Engineering Tools entwickeln zu können. ARTiSAN ist aktives Mitglied der OMG wie auch der SysML Partner und hat ebenfalls ein für Kunden bereits verfügbares SysML-Profil implementiert. Eine offizielle Veröffentlichung der SysML durch die OMG ist für das 2. Halbjahr 2005 geplant.

Ziel der SysML Partner ist es, auf Basis der UML 2.0 die Beschreibung von komplexen Systemen und Systemen von Systemen zu ermöglichen. Dabei wird die UML 2.0 nicht einfach erweitert, sondern auch von Sichten reduziert, die für das Systems Engineering nicht notwendig und auch aufgrund ihrer Softwarelastigkeit von Systemingenieuren schwer zu erlernen sind. Insgesamt ist das Verhältnis der SysML mit der UML 2.0 als sich schneidende Mengen wie in Abb. 1 darstellbar:

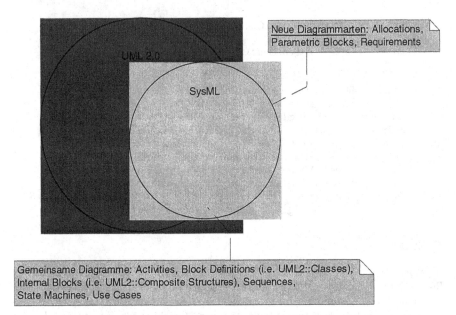

Abb. 1. Wiederverwendung von UML 2.0 Diagrammen

2 Ziele der SysML

In der Spezifikation definiert die SysML verschiedene Ziele, die in der Notation erreicht werden sollen. Dazu gehören die Sparsamkeit in der Neudefinition im Bezug auf die UML 2.0. Die UML 2.0 soll, soweit immer möglich, in der SysML Verwendung finden. Zusätzliche Elemente der SysML können durch die Anforderungen des Systems Engineering dazu, während die UML 2.0-Elemente, die nicht in der SysML vertreten sind, vor allem zur Vereinfachung der SysML und der besseren Erlernbarkeit weggelassen werden. Wiederverwendung der UML 2.0-Konzepte gehört auch zu den erklärten Zielen, genauso wie Modularität, enge Kohäsion, ein strenges Schichtenmodell sowie Interoperabilität.

Da die SysML strikt auf der UML 2.0 aufbaut, ist die Paketsicht der Erweiterung der UML 2.0 zur SysML relativ einfach. Diese ist in Abb. 2 gezeigt. Die UML baut auf dem Meta-Object Facility (MOF) als eine Instanz auf. Aus der UML benutzt das SysML Metamodell Elemente und enthält eigene weitere. Das SysML Profil ist eine Instanz des Metamodells der SysML, genauso wie jedes Nutzermodell, das in SysML modelliert wird. Dieses nutzt das SysML Profil.

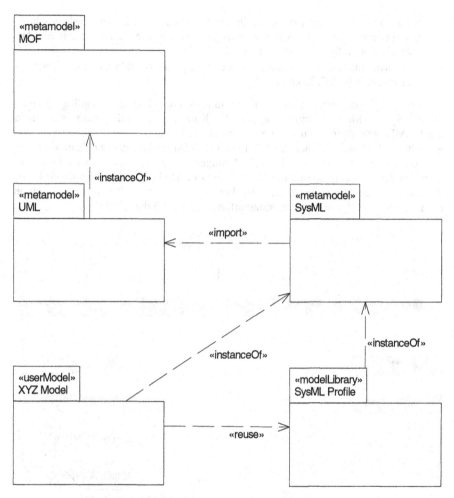

Abb. 2. Einbettung der SysML-und deren Modelle in die UML 2.0

3 Die Sichten der SysML

Für die Beschreibung von Systemen wurden die folgenden als notwendig identifiziert:

- Systemstruktur: Hier kann der hierarchische Aufbau von Systemen und Teilsystemen sowie ihre Verbindungen dargestellt werden.
- Systemverhalten: Die SysML liefert hier die Möglichkeit, neben dem eventbasierten Verhalten auch funktionsbasiertes Verhalten zu modellieren.
- Systemeigenschaften: Unter anderem in parametrischen Modellen und in der Definition des Zeitmodells können die Eigenschaften eines Systems beschrieben werden.

- Systemanforderungen: Im Vergleich zur Standard-UML 2.0 eine sehr wichtige Erweiterung. Jetzt ist die Anforderungshierarchie und die Verfolgbarkeit von Anforderungen im SysML-Modell möglich.
- Systemverifikation: Hier stehen die Darstellung von Testfällen und der Verifikationsresultate im Vordergrund.

Dies SysML übernimmt viele der Diagrammarten der UML 2.0 als gültige Sichten auf ein SysML-Modell. Einige, wie z.B. das Kommunikationsdiagramm, werden in der SysML nicht übernommen, da z.B. Abläufe in Sequenzdiagrammen präziser dargestellt werden können. Lücken in den UML 2.0-Darstellungsmöglichkeiten werden geschlossen, v.a. die Möglichkeit, Anforderungen in eigenen Requirements-Diagrammen darstellen zu können und die Möglichkeit der Modellierung zeitkontinuierlicher Zusammenhänge in parametrischen Blockdiagrammen. Die vollständige Taxonomie der in der SysML definierten Diagrammarten ist in Abb. 3 dargestellt.

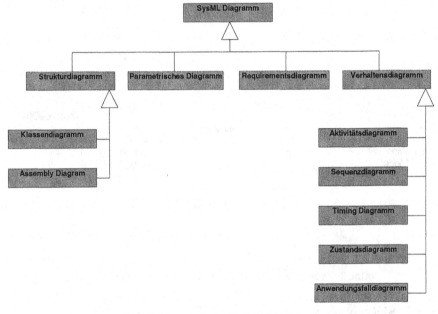

Abb. 3. Taxonomie der SysML-Diagramme

4 Ein Beispiel

Die SysML nimmt für sich in Anspruch, dass sie einfach handhabbar sein sollte. Daher ist in der SysML-Spezifikation auch ein Beispielproblem in Appendix B dargestellt. Ziel des Beispiels ist die Darstellung jeweils mindestens einmal jedes die SysML-Diagramm zu nutzen. Natürlich ist, wie auch bei der UML, dies kein passender Entwicklungsprozess, denn dieser würde aus den zu Verfügung gestellten Sichten je nach Projektphase die passenden definieren. Manche Sichten würden dort mehrmals, manche vielleicht nie gebraucht werden.

Das Beispiel ist ein Fahrzeug, das im Kontext seiner Umgebung sowie als System von Systemen dargestellt werden soll. Die Anforderungen sollen ebenso Berücksichtigung finden wie die physikalischen Zusammenhänge in Inneren des Fahrzeugs wie auch im Zusammenwirken des Fahrzeugs auf die Umgebung.

4.1 Konzeptdiagramm

Durch Stereotypisierung und grafische Stereotypisierung lassen sich Klassendiagramme für die unterschiedlichsten Sichten verwenden. Ein Konzeptdiagramm wie in Abb. 4 zeigt die obersten Entitäten im Modell.

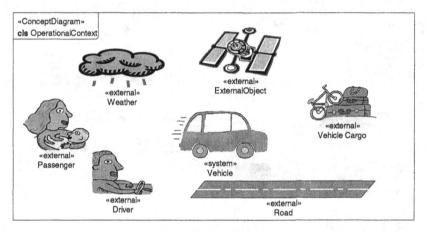

Abb. 4. Konzeptdiagramm

Deren Verbindungen werden hier nicht dargestellt. Die verwendeten Stereotypen <<system>> oder <<external>> sind nicht in der SysML definiert, stellen aber für den Modellierer die Beziehung des Systems zur Umgebung besser dar. Das Diagramm hat den für UML 2.0 typischen Rahmen mit dem Diagrammtyp und -Namen und zeigt mit dem Stereotyp <<Context>> die Spezialisierung des verwendeten Klassendiagramms an.

4.2 Requirementsdiagramm

Funktionale Anforderungen beschreiben eine Systemfunktion, die im zukünftigen System implementiert werden soll. Daneben stellen nicht-funktionale Anforderungen Leistungsdaten wie zeitliche Vorgaben, Zuverlässigkeit, zu nutzende technische Lösungen und weiteres dar. Diese sind, im Gegensatz zu funktionalen Requirements, bisher in der UML 2.0 nicht modellierbar. Da alle Anforderungen aus Sicht des Kunden gesehen und beschrieben werden sollten, ist konsequenterweise in der SysML eine neue Perspektive für alle Anforderungen in die Spezifikation eingeflossen. Der Modellierer kann die Anforderungen in hierarchischer Form, z.B. nach Detaillierungsgrad als Baumstruktur organisieren und Beziehungen zu anderen Elementen und Sichten im SysML-Modell herstellen. Spezielle Stereotypen auf Abhängigkeiten wie

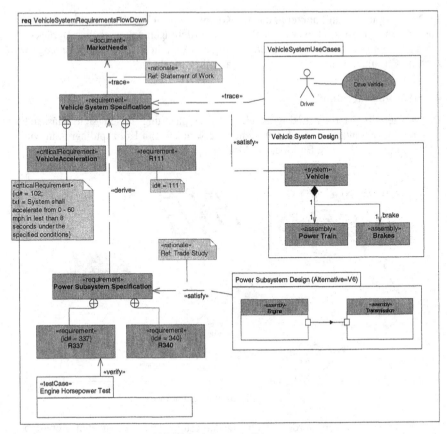

Abb. 5. Requirements-Diagramm

<<derive>> für Beziehungen zwischen Anforderungen, <<trace>> für die Nachver-
folgbarkeit in Analyse- und Designsichten oder <<verify>> zu Testfällen ermöglichen
es wie in Abb. 5, die Anforderungen zu allen anderen Perspektiven im Modell in
Beziehung zu setzen.

4.3 Assembly Diagramm

In der UML 2 gibt es nach wie vor auch das Verteilungsdiagramm aus der UML 1.x, das
die Verteilung von Software auf Hardware darstellt. Um in der SysML eindeutig beschreiben zu können, welche Diagrammart für welchen Zweck einsetzbar ist, verzichtet
die SysML auf das UML 2 Verteilungsdiagramm und zeigt derartige Beziehungen auch
mit dem Assembly-Diagramm. Dies ist ein Strukturdiagramm, das ein System als
Summe von verschiedenen Teilen beschreibt. Jedes dieser Teile hat seinen eigene Aufgabe innerhalb des Ganzen. Das Assembly-Modell kann in jeder Phase des Entwick-
lungsprozesses genutzt werden, denn es ist möglich, die logische oder auch die physika-
lische Zusammensetzung des Systems zu zeigen. Es zeigt auch die Verbindungen, über

die diese Teile kommunizieren, seien es Operationsaufrufe der Software, diskrete Zustandsübergänge, I/O Flows oder auch zeitkontinuierliche Interaktionen.

Die Assembly-Diagramme bauen auf den UML 2.0 Kompositionsstrukturdiagrammen auf. Diese können in Blackbox- oder in Whitebox-Sicht darstellen, wie eine Komponente aufgebaut ist und welche Verbindungen oder Verbindungsmöglichkeiten intern oder nach extern vorhanden sind. Als nicht zusammengesetzte Teile sind die Parts gemäß UML 2.0 mit gestrichelten Linien dargestellt.

4.4 Parametrisches Diagramm

Diese Diagrammart ist völlig neu in der SysML und zeigt die Verbindungen und Abhängigkeiten zwischen parametrischen Bedingungen oder Gleichungen zwischen Eigenschaften v.a. von Assemblies. Mit diesem parametrischen Informationen ist nun im SysML-Modell auch möglich, Performanz- und Zuverlässigkeitsmodelle mit den Struktur- und Verhaltensmodellen z.B. aus der UML 2.0 zu integrieren. Diese Informationen beschreiben typischerweise quantitative Aussagen über ein System. Parametrische Abhängigkeiten wie in Abb. 6 gezeigt sind nicht gerichtet und beschreiben auch keine kausalen Abläufe. Zeit und Zeitverhalten stellen spezielle Eigenschaften in der Systembeschreibung dar. Hier nutzt die SysML die Definitionen innerhalb der UML 2.0 und verweist explizit auf das Zeit Paket in der UML 2.0 Superstructure, das ein vereinfachtes Zeitmodell für Zeitsynchronisation bietet oder auf das Unterprofil für Zeitmodellierung im UMLProfile for Schedulability, Performance and Time.

In der SysML werden parametrische Bedingungen beschrieben und genutzt, aber die SysML spezifiziert keine computerlesbare Sprache, die diese auswerten könnte. Sie verweist vielmehr auf andere mathematische Beschreibungssprachen wie MathML, für die es Tool-Unterstützung gibt.

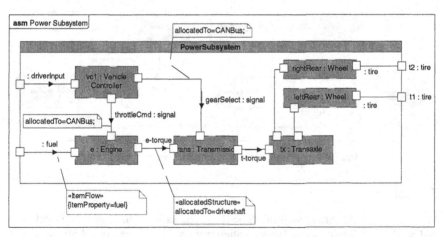

Abb. 6. Assembly-Diagramm für das Power-Subsystem

4.5 Sequenzdiagramm

Aufgrund der Überarbeitung der Sequenzdiagramme in der UML 2.0, die jetzt Referenzierungen auf andere Sequenzen und strukturierte Abläufe erlauben, kann diese Diagrammart praktisch unverändert in die SysML übernommen werden. Sequenzdiagramme spielen eine große Rolle in der Modellierung von Systemen. Innerhalb der Beschreibung funktionaler Anforderungen als Anwendungsfälle können sie verwendet werden, um die umgangsprachliche Fassung eines Anwendungsfallszenarios zu formalisieren. Dadurch erhält der Modellierer eine präzise Beschreibung der Schnittstellenanforderungen seines Systems. Dies in Blackbox-Sicht erstellten Diagramme bilden auch die Basis für die Definition von Systemakzeptanztests, denn wenn die in den Anwendungsfällen beschriebenen Szenarien vom fertig entwickelten System genau so in der Interaktion mit seiner Außenwelt ablaufen, ist die funktionale Anforderung als erfüllt anzusehen. Abbildung 7 zeigt das in der SysML-Spezifikation beschriebene Beispiel eines Testfalls für den Motor.

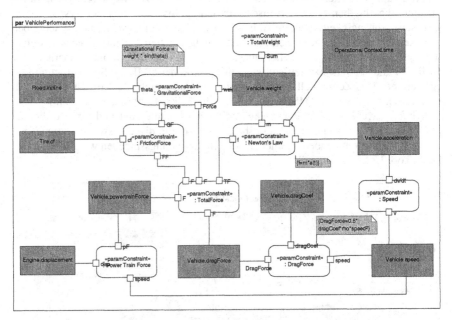

Abb. 7. Parametrisches Diagramm für die Fahrzeugperformanz

5 Ausblick

Mittlerweile ist der Stand v0.9 der SysML Spezifikation sein Januar 2005 definiert und wird durch Reviews und Implementierungen als Prototypen in CASE Tools wie in ARTiSAN Real-time Studio geprüft und getestet. Die Planungen innerhalb der SysML Partner sehen vor, v.a. durch Vereinfachungen innerhalb des Metamodells die Nutzbarkeit der SysML weiter zu verbessern. Ein Vorschlag ist die Einführung des Blocks als Grundkonzept für Klassen, Assemblies und parametrischen Ausdrücken.

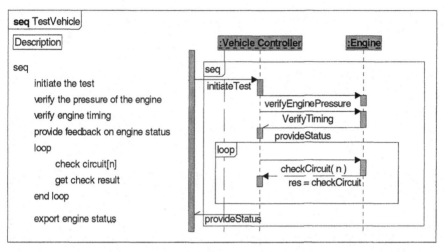

Abb. 8. Sequenzdiagramm als Systemtestfall

Diese grundlegenden Änderungen werden genau so wie die Konzepte der v0.9 durch Prototypen und Diskussionen auf ihre Machbarkeit und Nützlichkeit geprüft werden müssen. Trotzdem ist die „technical Adoption" der SysML durch die Object Management Group nach wie vor für das zweite Halbjahr 2005 geplant.

Literaturverzeichnis

1. Object Management Group, Unified Modeling Language, Revised Final Adopted Specification, www.omg.org/docs/ptc/04-10-02.pdf
2. SysML Partners, Systems Modeling Language (SysML) Specification v 0.90 (Draft), www.sysml.org/artifacts/spec/SysML-v0.9-PDF-050110R1.pdf
3. SysML Partners, SysML Specification, Addendum to SysML v0.9, www.sysml.org/artifacts/spec/SysML-v0.9-Addendum-050530.pdf
4. Object Management Group, UML™ Profile for Schedulability, Performance and Time, Version 1.1, www.omg.org/docs/ptc/04-02-01.pdf
5. ARTiSAN Software Tools, SysML Profile 0.9, erhältlich unter www.artisansw.com/customercenter/downloads.asp#two

Möglichkeiten der Darstellung von Zustandsautomaten in der IEC 61131-3

U. Katzke, B. Vogel-Heuser, A. Wannagat

Bergische Universität Wuppertal, Lehrstuhl für Automatisierungstechnik / Prozessinformatik, Fachbereich Elektrotechnik, Informations- und Medientechnik, Rainer-Gruenter-Str. 21c, D-42119 Wuppertal

E-mail: {katzke, bvogel, wannagat}@uni-wuppertal.de

Zusammenfassung. Die Modelltransformation objektorientierter Modelle in die Sprachen der IEC 61131-3 wurde prinzipiell gezeigt. Dieser Beitrag stellt einen Ansatz vor, diese Modelltransformation präziser und umfangreicher durchzuführen. Auf diese Weise können die Vorteile der Objektorientierung, hinsichtlich der Wiederverwendbarkeit und der Reduzierung der Komplexität, effektiver und in Verbindung mit dem Codegenerator auch komfortabler genutzt werden. Der nun mögliche Erhalt der Klassenstruktur bei der automatischen Übersetzung, erlaubt zudem eine leichte Orientierung im generierten Code, fördert die Lesbarkeit und ermöglicht daher auch die nachträgliche manuelle Anpassung des Codes ohne UML-Werkzeug. In diesem Zusammenhang erwarten wir eine Steigerung der Akzeptanz, UML-Modelle für die Programmierung von Steuerungsgeräten einzusetzen.

1 Einleitung

Die konventionelle Softwareentwicklung hat sich in den letzten Jahren stark weiterentwickelt. In ihren Ursprüngen lag die Aufgabe in der Transformation eines überschaubaren mathematischen oder technischen Problems auf einen Rechner. Die Herausforderung dieser Zeit lag vor allem darin, die erarbeiteten Lösungen auf die begrenzten Ressourcen damaliger Hardware abzubilden. Die erstellten Programme waren Einzellösungen, Wiederverwendung fand kaum statt. Mit der Entwicklung der Computertechnik wurde eine vielfache Kapazität an Rechenleistung und Speicherplatz preiswert verfügbar [3]. Applikationen sind heute nur in bestimmten Anwendungsbereichen, wie Embedded Systems durch die Leistung der verfügbaren Hardware beschränkt. Die Herausforderung liegt heute eher darin, große, sehr komplexe Anwendungen ganz oder in Teilen in unterschiedlichen Umgebungen nutzen zu können. Erarbeitete Lösungen sind zu kostspielig, um sie ohne Wiederverwendung nur einmal einzusetzen. Es wurden Methoden, Prinzipien und Paradigmen entwickelt, die diesem Ziel Rechnung tragen sollen. Weiterhin werden heute auch erhöhte Anforderungen an die Zuverlässigkeit von Softwarelösungen gestellt, da sie Hardwarelösungen immer weiter ablösen.

2 Anforderungen und Realisierungsmöglichkeiten modulare Software in der Prozessautomatisierung

Die Idee modularer Software beruht darauf, dass sich eine Lösung in kleine Einheiten (Module) zerlegen lässt. Von Modulen werden eine Reihe unterschiedlicher Eigenschaften erwartet [2].

- Sie sollen aus einer Lösung herausgelöst in anderer Software eingesetzt werden können.
- Fehler in einem Modul sollen sich nicht auf den Rest der umgebenden Software auswirken (modulare Geschütztheit)
- Sie sollen durch andere Module ersetzt werden können.
- Änderungen an Modulen sollen sich nicht auf die restliche Software auswirken (modulare Stetigkeit).
- Große Module sollen selbst wieder aus Modulen zusammengesetzt werden können (modulare Zerlegbarkeit).
- Sie sollen einem erwarteten Verhalten entsprechen. Der Nachweis dafür soll durch separate Tests oder durch Verifikationsverfahren möglich sein.

Neben den unmittelbaren, positiven Wirkungen, die mit der Umsetzung jeder einzelnen dieser Eigenschaften verbunden sind, wirken sie im Verbund für die Entwickler von Softwarebausteinen und Komplettlösungen Komplexitätsreduzierend. In durchgehend modularen Ansätzen mit den o. g. Eigenschaften brauchen Module nicht bis zu Detaileigenschaften aufgeschlüsselt werden, um ihre Funktionsfähigkeit für den gewünschten Einsatz sicherzustellen. Es ist ausreichend, die innere Struktur eines Moduls, bzw. einer Software bis auf die Schnittstellen zu den darin verwendeten Modulen nachzuweisen, da diese – im Sinne der Wiederverwendung – selbst über einen Nachweis ihrer Funktion verfügen. Die technische Komplexität einer Software, die sich in starkem Maße aus ihren Anforderungen, bzw. ihrer Aufgabe ergibt, bleibt davon unberührt. In der modularen Softwareentwicklung ist die Komplexität der Aufgabe jedoch durch die Fokussierung auf den Zweck eines Moduls und das Ausblenden von Details der verwendeten (Sub-) Module deutlich reduziert. Die Frage, wie sich dies auch in der Automatisierungstechnik mit Echtzeitanforderungen realisieren lässt, wird im Folgenden diskutiert.

In der konventionellen Softwareentwicklung stellen gegenwärtig objektorientierte Paradigmen den Stand der Technik für den Entwurf modularer Software dar. Die gängigen Programmiersprachen beschreiben Abläufe durch Anweisungen, Verzweigungen und Subroutinen. Ein Zustandsabbild eines Programms ergibt sich aus der Belegung seiner Variablen und den Stand seines Instruktionszeigers. Subroutinen unterbrechen den sie aufrufenden Ablaufsstrang und setzen ihn erst nach Abschluss einer Subroutine fort. Dadurch ist es möglich, Module in einer Subroutine zu kapseln, und ihnen ein deterministisches Verhalten zu geben. Unterbrechungen einer Subroutine als Folge von Ereignissen müssen in dieser explizit zugelassen werden. Dazu werden in objektorientierten Sprachen Mechanismen wie das Exception Handling verwendet.

In der Prozessautomatisierung muss die Steuerung jederzeit verfügbar sein und adäquat auf Veränderungen von Sensorwerten reagieren. Deshalb ist es nicht erwünscht, dass aufgerufene Subroutinen den Softwareablauf bestimmen, indem sie exklusiv und ununterbrechbar aufgerufen werden, wie dies in einer Hochsprache wie C der Fall ist. Zeitliche Exaktheit und eine schnelle Reaktion auf Ereignisse sind wesentliche Anforderungen. Dies bietet die IEC 61131-3, die sich als Standard für Soft- und Hardware SPS'en in vielen Bereichen der industriellen Automatisierung etabliert hat. Im folgenden werden Hardware SPS (S7) sowie Soft SPS-Implementierungen (TwinCAT auf WindowsNT-Basis) auf Standard-Betriebssystemen betrachtet, nicht aber Systeme auf Basis von Windows CE oder RTOS-UH. Ein Anwenderprogramm, welches durch eine SPS ausgeführt wird ist üblicherweise in Teilprogramme unterteilt und wird innerhalb einer kurzen und festen Zeitspanne vollständig durchlaufen. Der aktuelle Prozesszustand und die Belegung der internen Variablen der Speicherprogrammierbaren Steuerung (SPS) entscheiden, welches Teilprogramm ausgeführt wird. Auf diese Weise ist sicher gestellt, dass die Steuerung innerhalb einer Zeitspanne auf den Prozess reagiert. Da allerdings kein Zeitpunkt für die Reaktion auf ein Ereignis eingehalten werden kann, sondern nur ein Zeitfester, welches im Bereich der Zykluszeit liegt .

Zur Gliederung von Programmen werden die drei Programmorganisationseinheiten (POE) Funktionsblöcke, Funktionen und Programme eingesetzt. Programme bilden, als Rahmen für Funktionsblöcke und Funktionen, die oberste Ebene der Aufrufhierarchie von Modulen. Funktionen sollen dem Konzept folgend, gedächtnislos Eingabeparameter zu Ausgabeparametern transformieren. Funktionsblöcke sind unterbrechbare Module, die ihren Status während der Unterbrechung erhalten. Im Sinne der zeitlichen Anforderungen konsequent, wird der Code eines aufrufenden Programmteils fortgesetzt, sobald ein äußeres Signal oder eine Transitionsbedingung die Fortsetzung erlauben. Dieses Verhalten ist allerdings nicht standardisiert, sondern abhängig von der Implementierung der IEC 61131-3 [1]. Es entspricht beispielsweise dem Verhalten der CoDeSys Implementierung. Der Funktionsblock, der im Sinne einer Subroutine während des Wartezustandes der aufrufenden POE ausgeführt wird, wird bis zu seinem nächsten Aufruf suspendiert.

In diesem Verhalten liegen zwei potentielle Konflikte:

- Die aufrufende POE hat, wenn sie fortgesetzt wird, keine Kontrolle darüber, in welchem Zustand ein Funktionsblock unterbrochen wird. Damit ist der Zustand eines solchen Funktionsblocks für die aufrufende POE undefiniert. Es ist nicht sicher gestellt, ob das im Sinne der Modularität erwartete Verhalten wirklich eingetreten ist.

- Der unterlagerte Funktionsblock hat während seiner Suspendierung keine Wahrnehmung seiner Umwelt durch Sensorwerte. Sein Softwaremodell spiegelt einen Zustand wieder, der möglicherweise nicht mehr gegeben ist. Bei seiner Reaktivierung ist der ursprüngliche Ablaufstrang möglicherweise nicht mehr gültig.

In beiden Fällen verletzt die Unterbrechung eines Funktionsblocks das Prinzip, nach dem sich ein Modul, gleichgültig ob ein aufrufendes oder ein aufgerufenes, sich nicht auf andere Module auswirken soll. Schon der Einsatz verschiedener Softwaremodule an einem gemeinsamen Prozess, verletzt dieses Prinzip. Jedes Modul, das den Prozess verändert, beeinflusst damit jedes andere Modul, das am gleichen Prozess beteiligt ist oder anders ausgedrückt, die Module greifen auf die gleichen globalen Variablen (den physikalischen Prozess) zu. Im Sinne der Objektorientierung und Kapselung sind dies gravierende Verletzungen. Eingesetzt in der Steuerung eines

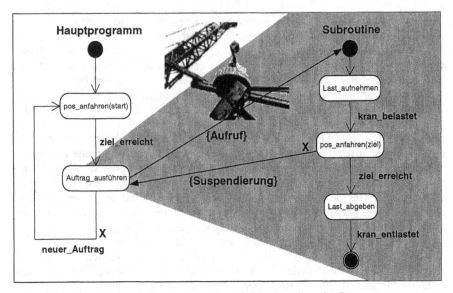

Abb. 1. Problematik unterbrechbarer Subroutinen in realen Prozessen

Prozesses kann es mit dem Einsatz von parallelen und hierarchischen Abläufen zu gefährlichen Zuständen führen.

Die Abb. 1 zeigt ein solches Beispiel, in dem eine Subroutine aus einem Hauptprogramm aufgerufen wird. Der Zeitpunkt, an dem ein neuer Auftrag eintrifft, ist durch ein „X" symbolisiert und führt zu einer Suspendierung der Subroutine, um im Hauptprogramm fortfahren zu können. An diesem Beispiel ist erkennbar, dass die Unterbrechbarkeit von Funktionsblöcken nicht immer erwünscht und mitunter sogar gefährlich ist.

In der IEC 61131-3 ist dieses Verhalten immer dann zu beobachten, wenn Funktionsblöcke als Subroutine aufgerufen werden, wie es in jeder der fünf Sprachen möglich ist. In der Ablaufsprache der IEC 61131-3 tritt diese Problematik besonders häufig auf, da es mit jedem Zustand und dem Aufruf der unterlagerten Zuständen dazu kommt.

Die einfachste Möglichkeit, um Probleme dieser Art zu lösen, ist der Verzicht auf eine Subroutine in kritischen Phasen und damit ein sequentieller Ablauf in einer Ebene. Durch diese Vorgehensweise wird allerdings die Komplexität der Programme wieder erhöht, die eigentlich durch den Einsatz von Softwaremodulen verringert werden sollte. Die IEC 61131-3 sieht in der Ablaufsprache so genannte Qualifier für den Aufruf von Subroutinen innerhalb von Zuständen vor. Mit ihnen ist es möglich, unterschiedliche Verhaltensweisen festzulegen. Neben dem beschriebenen Verhalten, dass Aktionen nur so lange ausgeführt werden, wie der überlagerte Zustand aktiv ist, können diese auch aus einem Zustand aktiviert werden und an einer anderen Stelle im Programm deaktiviert werden. Auf diese Weise könnte die Subroutine bis zum Ende ausgeführt werden und sich selbst beenden. Für das Applikationsbeispiel des Krans bietet dieses Verhalten keine Lösung, da es für den Kran nicht möglich ist einen Auftrag zu beenden und gleichzeitig einen neuen zu beginnen. Eine andere Möglichkeit wäre der Einsatz von Subroutinen, die nicht zu unterbrechen sind. Dies entspricht faktisch der Sequenzialisierung des Ablaufs, ändert aber an der Struktur des Programms und dessen Komplexität nichts. Dieses Verhalten ist in der Ablaufsprache jedoch nicht vorgesehen.

Trotzdem ist die Betrachtung von Zuständen und Zustandsübergängen (Transitionen), wie sie in der Ablaufsprache der IEC 61131-3 durch Schrittketten realisiert werden, ein leistungsfähiges Konzept für die Prozessautomatisierung. Es entspricht dem Prozessverhalten von Batch-Prozessen und diskreten Prozessen. Ergänzend lassen sich Ereignisse im Prozess (Sensordaten) den Transitionen zuordnen. In den gängigen Programmiersprachen der konventionellen Softwareentwicklung (C, C++, Java, Delphi) existieren solche Konzepte nur in abstrakteren Modellierungsebenen wie UML-Zustandsdiagrammen und Petri-Netzen. Objektorientierte Notationen liefern dafür, verglichen mit den Sprachen der IEC-61131-3, weitergehende Möglichkeiten der Kapselung von Code und Daten. Die Forderungen der Modularität sind damit deutlich einfacher umzusetzen.

Der Forderung nach Wiederverwendbarkeit und Modularisierung kann Rechnung getragen werden, indem die Vorteile klassischer Programmiersprachen für die Prozessautomatisierung nutzbar gemacht werden. Der Ansatz besteht darin, den Softwareentwurf objektorientiert mit Hilfe der UML durchzuführen und auf Grundlage der erstellten Modellierung, automatisch Code für eine SPS-Zielplattform generieren zu lassen. Erste Schritte dazu sind mit einem pragmatischen Ansatz am Institut für Automatisierungstechnik/Prozessinformatik in Wuppertal realisiert worden [5]. Weitere Schritte sind auf der einen Seite die gezielte Anpassung der UML an die speziellen Bedürfnisse der Automatisierungstechnik und auf der anderen Seite die Erweiterung des Codegenerators, um die Darstellungsmöglichkeiten und Prinzipien der Objektorientierung umfangreicher und präziser umsetzen zu können.

Im Folgenden ist eine Möglichkeit dargestellt, die Problematik, zur Realisierung ununterbrechbarer Subroutinen in der IEC 61131-3, zu lösen. Auf diese Weise könnte auf eine Sequenzialisierung des Ablaufs in kritischen Situationen verzichtet werden und die Struktur der Module würde erhalten. Im Hinblick auf die automatische Codegenerierung bliebe das UML Klassendiagramm auch im übersetzten Code gültig. Dies würde den Zusammenhang zwischen UML-Diagramm und Steuerungscode erhöhen. Die Orientierung im generierten Programm würde erleichtert, die Lesbarkeit erhöht und damit auch die Akzeptanz des Codes gesteigert.

3 Lösungsansätze zur Integration der Objektorientierung in die IEC 61131-3

Der Funktionsbaustein (FB) ist das wesentliche Hilfsmittel, um die Klassen der Objektorientierung in der IEC 61131-3 nachzubilden. Als einziger der Programmorganisationseinheiten (POE) lässt sich ein FB ebenso wie Klassen instanziieren und kann im Gegensatz zu Funktionen als eigenständige, nach außen gekapselte Datenstruktur mit einer auf ihr definierten Berechnungsvorschrift bezeichnet werden [4].

Innerhalb von Funktionsbausteinen lassen sich Variablenstrukturen aufbauen und ein Ablauf definieren. Verschiedene Abläufe, wie sie durch Operationen von Klassen gekennzeichnet sind, sind allerdings in Funktionsbausteinen nicht weiter zu kapseln.

```
FUNKTION_BLOCK FB__Drehkran
VAR_IN_OUT
   aktueller_winkel  : DINT
END_VAR
VAR_INPUT
   winkel            : DINT
END_VAR
...

STRUCT Drehkran
   aktueller_winkel  : DINT;
   drehe_um_winkel   : FB__Drehkran__drehe_um_winkel;
   werkstueck_aufnehmen : FB__Drehkran__werkstueck_aufnehmen;
   werkstueck_absetzen : FB__Drehkran__werkstueck_absetzen;
END_STRUCT;
```

```
              ::Drehkran
long  aktueller_winkel
drehe_um_winkel (in long winkel)
werkstueck_aufnehmen ()
werkstueck_absetzen ()
```

Abb. 2. Transformation einer Klasse in die Struktur der IEC 61131-3

Variablenstrukturen (STRUCT) hingegen können Variablen und Funktionsbausteine aufnehmen und instanziieren, wie es bei einer Klasse möglich ist. Ihnen fehlt jedoch, im Vergleich zu einer Klasse, dass alle Operationen sämtliche Attribute ihrer Instanz zur Laufzeit kennen. Um dies auch in der IEC 61131-3 zu realisieren werden Funktionsbaustein und Struktur kombiniert, wie es in Abb. 2 gezeigt ist.

Jede Operation wird als Funktionsbaustein ausgeführt und innerhalb einer Struktur (STRUCT), welche der Klasse optisch sehr ähnlich ist, zusammengefasst. Das Prinzip der Lokalität und die Tatsache, dass Klassen auch ein dynamisches Verhalten zugewiesen werden kann, findet durch den Einsatz eines Funktionsbaustein Berücksichtigung. Wie in Abb. 2 gezeigt, werden sämtliche Variablen der Struktur (vormals Attribute der Klasse) als Zeiger übergeben. Dies ist in der IEC 61131-3 in Form von „VAR_IN_OUT" Variablen möglich. Auf diese Weise ist sicher gestellt, dass die Variablen im betreffenden Funktionsbaustein bekannt sind und dort verändert werden können. Für die ehemaligen Operationen, nun in der Form weiterer Funktionsbausteine, gilt das gleiche Prinzip, um den Zugriff auf die entsprechenden Variablen zu ermöglichen. Weitere Parameter oder Rückgabewerte der Operationen werden üblicherweise mit „VAR_IN" beziehungsweise „VAR_OUT" übergeben.

Das Verhalten der Klasse kann sowohl als Text, als auch in graphischer Form in der Ablaufsprache formuliert werden kann. Der prototypische Codegenerator nutzt fast ausschließlich die Ablaufsprache, um die Struktur und das dynamische Verhalten der Steuerung zu definieren.

Funktionsbausteine (FB) werden unterbrochen sobald der Zustand, der diesen Baustein aufgerufen hat, beendet wird. Bei einem Aufruf des FB zu einem späteren Zeitpunkt, beginnt dieser genau an der zuletzt aktiven Stelle. Diese Unterbrechbarkeit ist allerdings, je nach zu steuerndem Prozess, nicht immer erwünscht. Steuert zum Beispiel der Kran aus Abb. 1 eine definierte Position an und wird während der Ausführung in einer Transition unterbrochen, besteht die Gefahr, dass er sich zu dieser Zeit in einem undefinierten Zustand befindet und beim Wiederaufruf des FB kein Zustand zugewiesen werden kann.

Die UML bietet in ihrem Modell der Zustandsautomaten, verschiedene Möglichkeiten das Verhalten einer Klasse, im Hinblick auf Unterbrechbarkeit und Behandlung der unterlagerten Methoden, zu bestimmen. Es wird unterschieden zwischen Aktivitäten, die ausgeführt werden solange der aufrufende Zustand aktiv ist und Aktionen, die nur einmal während einer Transition aktiv sind. Aktionen sind nicht unterbrechbar, Aktivitäten hingegen schon. Im Hinblick auf Zustandsautomaten als Verfeinerung von Zuständen und ihre Unterbrechbarkeit, ist die die Übersetzbarkeit in die IEC 61131-3 nicht direkt gegeben. Gelingt es jedoch, wie hier beschrieben, nicht unterbrechbare Funktionsbausteine zu realisieren, ist eine korrekte Transformation möglich.

3.1 Unterschiedliche Semantik von Zustandstransitionssystemen der UML und der IEC 61131-3

Hierarchische Zustandstransitionssysteme zeichnen sich unter anderem dadurch aus, dass Zustände wiederum weitere Zustandstransitionssysteme enthalten können. Wird ein Zustand erreicht, so wird eine Methode mit einem eigenen Verhaltensmodell gestartet. Die Problematik ergibt sich daraus, wie mit diesem unterlagerten Systemen zu verfahren ist, wenn eine Weiterschaltbedingung für das übergeordnete System erfüllt ist. Im Sinne der zeitlichen Anforderungen ist das unterlagerte Verhalten in diesem Fall zu unterbrechen und das übergeordnete Zustandstransitionssystem wie in der IEC 61131-3 weiterzuschalten.

In vielen Fällen ist diese Unterbrechung allerdings aufgrund der Betriebssicherheit der Anlage nicht erwünscht, wie es das Beispiel des Drehkrans (Abb. 1) zeigt. Diese Problematik kann in der UML differenzierter beschrieben werden. Aktivitäten werden mit „do-Anweisungen" im Zustand kenntlich gemacht und können unterbrochen werden. Solange dieser aktiv ist, wird die Aktivität permanent aufgerufen. Aktionen werden mit Transitionen ausgeführt und somit jeweils nur einmal aufgerufen. Dafür werden Aktionen nicht unterbrochen.

In der Ablaufsprache der IEC 61131-3 ist ein Funktionsbaustein generell unterbrechbar, wie es auch eigene Untersuchungen mit dem auf CoDeSys [6] basierenden TwinCat [7] zeigen. Um dennoch nicht unterbrechbare Aktionen realisieren zu können, müssen diese mit den besonderen Eigenschaften, der in der IEC 61131-3 verfügbaren POE, durch den Codegenerator nachgebildet werden.

3.2 Nicht unterbrechbare Funktionsbausteine in der IEC 61131-3

Für die Umsetzung der erweiterten Zustandsautomaten aus der UML in die Ablaufsprache der IEC 61131-3, gilt es die besonderen Eigenschaften von Funktionsbausteinen (FB) und Funktionen (FC) zu nutzen. Funktionsbausteine werden instanziiert und sind unterbrechbar. Ersteres macht sie zu geeigneten Konstrukten für an Klassen gebundene Operationen. Die Unterbrechbarkeit ist hinderlich, sobald diese Operationen Aktionen und nicht Aktivitäten darstellen sollen.

Funktionen der IEC 61131-3 werden nicht unterbrochen und eignen sich daher zur Beschreibung von Aktionen. Sie lassen sich aber nicht als Operationen in Klassen einbinden, da ihnen die Möglichkeit einer Instanzenbildung fehlt. Um die gewünschten Eigenschaften von Funktionsbaustein und Funktion zu vereinen, ist es möglich eine Funktion innerhalb eines Funktionsbausteins aufzurufen. Auf diese Weise ist die Abgeschlossenheit einer Klasse und ihrer Datenstrukturen garantiert. Solange Aktionen innerhalb der Funktion ausgeführt werden, ist eine Unterbrechung des Funktionsbaustein durch einen Zustandswechsel der aufrufenden POE nicht möglich.

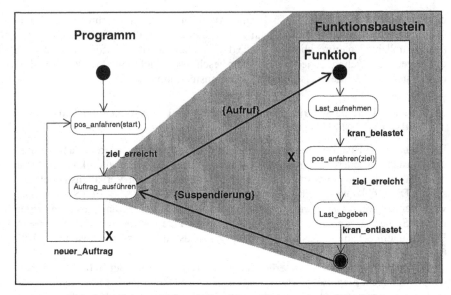

Abb. 3. Realisierung nicht unterbrechbarer Aktionen durch Schachtelung

Mit dem Einsatz der beschriebenen Eigenschaften von Funktionen und Funktionsbausteinen der IEC 61131-3, lässt sich sowohl unterbrechbares als auch nicht unterbrechbares Verhalten realisieren. Beides kann in einer Klasse (als Einheit von Daten und Code) implementiert werden. Dadurch können die geforderten Modularitätsmerkmale, insbesondere die Zerlegbarkeit und die Geschütztheit, in Applikationen deutlich gestärkt werden.

4 Zusammenfassung und Ausblick

Die Forderung nach Wiederverwendbarkeit und Modularisierung beeinflusst in zunehmendem Maße die Softwareentwicklung in der Automatisierungstechnik. Die UML unterstützt aufgrund ihrer Objektorientierung diese Forderungen und stellt eine Reihe von Mechanismen zur Verfügung auch detaillierte Abläufe präzise beschreiben zu können.

Mit dem Ansatz, den Softwareentwurf mit Hilfe der UML durchzuführen und auf Grundlage der erstellten Modellierung, automatisch Code für eine SPS-Zielplattform generieren zu lassen, können diese Vorteile genutzt werden und trotzdem der etablierte Standard der IEC 61131-3 unterstützt werden. Dass dies prinzipiell möglich ist, zeigt der Codegenerator, der auf Basis eines pragmatischen Ansatzes am Institut für Automatisierungstechnik/Prozessinformatik in Wuppertal realisiert worden ist. Bei der Modellierung der bisherigen Version des Codegenerators müssen einige Besonderheiten berücksichtigt werden. Dazu zählt das Fehlen einer mehrfachen Instanziierung von Klassen oder auch die Einschränkungen der IEC 61131-3 hinsichtlich (un-) unter-brechbarer Zustände.

Mit den hier vorgestellten Konzepten lassen sich die objektorientierten Paradigmen präziser und auch umfangreicher in der IEC 61131-3 abbilden. Auf diese Weise können die Vorteile der Objektorientierung, hinsichtlich der Wiederverwendbarkeit und der Reduzierung der Komplexität, effektiver und in Verbindung mit dem Codegenerator auch komfortabler genutzt werden. Der Erhalt der Klassenstruktur bei der automatischen Übersetzung ermöglicht zudem eine leichtere Orientierung im generierten Code, fördert die Lesbarkeit und ermöglicht daher auch die nachträgliche manuelle Anpassung des Codes ohne UML-Werkzeug. In diesem Zusammenhang erwarten wir, dass ein durch diese Konzepte erweiterter Codegenerator, zu einer gesteigerten Akzeptanz führt und den Einsatz objektorientierter Modellierungsmethoden für die Programmierung von Steuerungsgeräten fördert.

Literaturverzeichnis

1. Bauer N: Vergleich der Semantik von Sequential Function Charts in unterschiedlichen Programmierwerkzeugen. 2.Workshop Statecharts, Message Sequence Charts, Objekt-Orientierung und Specification and Description Language, Tübingen 2001.
2. Meyer B: Object-oriented software construction, 2nd ed. Prentice Hall, New Jersey, 2000.
3. Moore GE: Cramming more components onto integrated circuits. Electronics Magazine 38(8), 1965.
4. John KH, Tiegelkamp M: SPS-Programmierung mit IEC 61131-3, Springer Berlin, 2000.
5. Vogel-Heuser B, Friedrich D, Katzke U, Witsch D: Usability and benefits of UML for plant automation – some research results. atp international 1:52–60, 2005.
6. CoDeSys: www.3s-software.com/index.shtml?ProductTour
7. Beckhoff TwinCat: www.beckhoff.de/german/twincat/default.htm

Koordinierung autonomer Systeme (2)

Effiziente Ankopplung eines zeitgesteuerten Feldbusses an ein Echtzeitbetriebssystem

Björn Pietsch, Amos Albert

Institut für Regelungstechnik, Appelstr. 11, 30167 Hannover,
Robert Bosch GmbH, Robert-Bosch-Str. 2, 71701 Schwieberdingen,

E-mail: pietsch@irt.uni-hannover.de, amos.albert@de.bosch.com

Zusammenfassung. Verteilte Regelungen erlangen zunehmend Bedeutung, wobei der verstärkte Einsatz zeitgesteuerter Busse wie TTCAN und FlexRay abzusehen ist. Bei zunehmender Komplexität der Software ist dabei eine verbesserte Unterstützung durch die Betriebssysteme der beteiligten Steuergeräte notwendig. Dieser Beitrag stellt ein Verfahren zur effizienten Ankopplung eines zeitgesteuerten Busses an ein Echtzeitbetriebssystem am Beispiel von TTCAN und RTOS-UH vor. Es werden Messungen dargestellt, aus denen die Verbesserung des Zeitverhaltens gegenüber bisherigen Ansätzen hervorgeht.

1 Einleitung

In den vergangenen Jahren hat in vielen Bereichen die Bedeutung verteilter Regelungen deutlich zugenommen. Immer häufiger ist dabei nicht nur ein Satz Sensoren und Aktoren über einen Bus mit einem einzelnen Steuergerät oder Prozessrechner verbunden, der einen einzelnen Regelkreis kontrolliert, sondern es liegen gekoppelte Regelkreise vor. So fließen Daten eines Sensors in mehrere Algorithmen ein, ein Steuergerät regelt mehrere Prozesse zugleich, und mehrere Steuergeräte kommunizieren auf demselben Bus mit ihren Sensoren und Aktoren und auch untereinander.

Die zunehmende Komplexität der Software und die rasch wachsende Zahl verschiedener Aufgaben, die in einem Steuergerät bearbeitet werden müssen, machen immer öfter den Einsatz von Echtzeitbetriebssystemen notwendig. Diese müssen sowohl die periodischen Vorgänge der Regelkreise als auch lokal auftretende asynchrone Ereignisse möglichst gut verarbeiten können.

Sicherheitskritische Systeme wie elektronische Bremsanlagen müssen sehr verlässlich arbeiten; das Verhalten in allen Situationen muss vorab bestimmbar sein, um gefährliche Zustände auszuschließen. Für Bussysteme lässt sich dies am einfachsten mit zeitgesteuerten Systemen wie dem TTCAN-Bus (*time-triggered CAN*) erreichen. Dabei sind, im Gegensatz zu ereignisgesteuerten Bussen wie dem CAN-Bus, wesentliche Teile des Kommunikationsablaufs im Voraus festgelegt, wodurch das Zeitverhalten vorhersehbar ist. Ein weiterer Vorteil ist, dass ein zeitgesteuerter Bus die rückwirkungsfreie Zusammensetzung von Teilsystemen an einem Bus ermöglicht (sog. *composability*). Da das Zeitverhalten des Busses nicht vom Vorhandensein einzelner Komponenten abhängt, können verschiedene Hersteller unabhängig voneinander ihre jeweiligen Subsysteme unter den später herrschenden Bedingungen testen.

Um sowohl den Entwurf als auch den Betrieb verteilter Regelungen effizient zu gestalten, muss das Betriebssystem des Steuergerätes die Busankopplung möglichst gut unterstützen. Dies umfasst die einfache Synchronisation mit dem Bus, die Minimierung von Latenzzeiten im Regelkreis sowie eine möglichst geringe Prozessorbelastung durch die zusätzlichen Programmteile.

Prinzipiell sind solche Forderungen mit zeitgesteuerten Betriebssystemen gut erfüllbar, die allerdings den entscheidenden Nachteil haben, asynchrone Ereignisse nur unzureichend behandeln zu können. Zudem unterscheidet sich der Entwurfsprozess rein zeitgesteuerter Architekturen deutlich von den Verfahren für herkömmliche Systeme. Daher ist ein Konzept wünschenswert, das die gute Ankopplungsmöglichkeit zeitgesteuerter Systeme mit der Reaktionsfähigkeit ereignisgesteuerter Systeme vereint und leicht in bestehende Architekturen integriert werden kann.

Als Testplattform für das in diesem Beitrag vorgestellte Verfahren wurde das am Institut für Regelungstechnik der Universität Hannover entwickelte Echtzeitbetriebssystem RTOS-UH [1] gewählt. Es ist ereignisgesteuert und zeichnet sich durch kurze und verlässliche Reaktionszeiten aus. Daher eignet es sich gut als Referenz sowie zur Emulation von Schedulingverfahren. Zudem können Erweiterungen einfach vorgenommen werden, da Quelltext und Datenstrukturen vollständig vorliegen.

Der weitere Beitrag gliedert sich wie folgt: Nach einer Vorstellung des TTCAN-Busses in Abschnitt 2 stellt Abschnitt 3 die bislang möglichen Lösungen zur Ankopplung vor. Die neu entwickelte Ankopplung ist Thema des Abschnitts 4. In Abschnitt 5 werden die Ergebnisse von Messungen vorgestellt, die mit dem neuen System gewonnen wurden; Abschnitt 6 fasst die Ergebnisse zusammen und gibt einen Ausblick auf künftige Arbeiten.

2 Der TTCAN-Bus

In einem zeitgesteuerten Bussystem wird das Senderecht nach einem vorab erstellten Zeitplan an die Teilnehmer vergeben, was Kollisionen prinzipiell ausschließt und ein deterministisches Zeitverhalten erzeugt. Ein Vertreter dieser Busklasse ist der hier eingesetzte TTCAN-Bus, die in ISO 11898-4 genormte, zeitgesteuerte Variante des CAN-Busses.

Beim TTCAN-Bus wird das gesamte Bustiming der Botschaften durch den auch als Systemmatrix bezeichneten Matrixzyklus bestimmt. Die Systemmatrix besteht aus $2(n=0,1,2\ldots)$ zeitlich gleich strukturierten Basiszyklen, in denen Startzeitpunkt und Dauer der Botschaftsslots festgelegt sind.

Jeder Netzwerkknoten besitzt eine lokale Zeit, die er aus seinem eigenen Oszillator ableitet. Es handelt sich um einen fortlaufend zählenden 16 Bit-Zähler, der mit einer der Bus-Bitrate entsprechenden Frequenz erhöht wird. Von dieser Basis leitet sich dieZykluszeit ab, die in jedem Basiszyklus bei null beginnt.

Für den Betrieb des TTCAN-Busses ist ein spezieller Controller erforderlich, der das modifizierte Protokoll sowie die Verwaltung der Zeitzähler beherrscht. In dieser Arbeit kam ein von der Firma Bosch hergestellter Evaluations-Chip [2] zumEinsatz. Er kann wie ein herkömmlicher CAN-Controller beim Senden und Empfangen von Botschaften Interrupts auslösen, wobei dies für jedes Botschaftsfenster separat festgelegt werden kann.

Der Chip besitzt eine Vielzahl von Interruptquellen, die mit dem TTCAN-Protokoll in Verbindung stehen. Für diese Arbeit ist hauptsächlich der Interrupt SSM (*start of system matrix*) relevant, der jeweils zu Beginn eines Matrixzyklus ausgelöst wird. Er wird wie die Sende- und Empfangsinterrupts über die Master-Interruptleitung signalisiert und daher von der Treibersoftware bearbeitet.

Ein besonderes Register des TTCAN-Controllers ist das TMR (*time mark register*). Der Inhalt dieses 16 Bit-Registers kann vom Controller mit einer der internen Zeitbasen verglichen werden. Wenn die als Vergleichsziel eingetragene Zeitbasis den gespeicherten Wert erreicht, wird der Interrupt TMI (*time mark interrupt*) ausgelöst. Dieser besitzt eine eigene Interruptleitung und kann somit ohne Beteiligung des TTCAN-Treibers eine Interruptroutine aktivieren.

3 Etablierte Verfahren

Im Sinne einer einfachen Anpassung bestehender Systeme ist auch ohne spezielle Unterstützung durch das Betriebssystem eine Ankopplung zeitgesteuerter Busse möglich. Dem Vorteil der einfachen Umsetzung stehen jedoch verfahrensabhängige Nachteile gegenüber,die die erreichbare Systemgüte reduzieren.

3.1 Zeitgesteuerte Aktivierung

Eine Möglichkeit zur Busankopplung besteht in der zeitgesteuerten Aktivierung der Tasks durch das Betriebssystem mit Hilfe der systemeigenen Uhr. Allerdings muss die Systemuhr eine relativ hohe Auflösung besitzen, um Aktivierungen zeitlich so nah wie möglich an den Botschaften zu gestatten. Dies kann, je nach Realisierung der Systemuhr, gerade in kleineren Mikrocontrollern zu einer hohen Prozessorlast durch den Interrupt der Uhr führen. Außerdem muss die Systemuhr mit dem Bus synchronisiert werden, da andernfalls durch die Drift der Zeitbasen gegeneinander Taskaktivierungen außerhalb des vorgesehenen Intervalls auftreten (siehe Abb. 1).

Für eine Synchronisation der Betriebssystemuhr mit einer externen Zeitbasis ist ein tiefer Eingriff in das System notwendig. Insbesondere muss dafür Sorge getragen werden, dass bei synchronisationsbedingten Zeitsprüngen über Zeitpunkte von Aktivierungen hinweg diese korrekt ausgeführt werden. Ein gemeinsamer Oszillators für Buscontroller und Prozessor beseitigt das Synchronisationsproblem nicht, da er für den Controller nur die Zeitpunkte der Busabtastung festlegt. Die Buszeit hingegen wird meist von einem Busmaster durch dessen Bittakt vorgegeben und kann weiterhin driften.

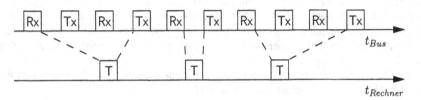

Abb. 1. Drifteffekt: Aktivierungszyklus der Tasks zu lang, nur die mittlere Aktivierung erfolgt rechtzeitig (T: Task, Rx/Tx: empfangene/gesendete Botschaft)

3.2 Ereignisgesteuerte Aktivierung

Die Auflösung der Betriebssystemuhr spielt zunächst keine Rolle, wenn die Taskakti-vierung (aus Sicht der Systemuhr) asynchron durch die Botschaftsinterrupts des Bus-controllers erfolgt. Damit ist unabhängig von der Drift der Zeitbasen die Synchronisa-tion der Aktivierungen mit dem Bus gewährleistet.

Nachteilig ist, dass direkte Aktivierungen nur zu Zeitpunkten erfolgen können, zu denen der Buscontroller eine Botschaft sendet oder empfängt, weil er nur dann einen Interrupt auslösen kann. Damit sind die Aktivierungszeiten für Tasks vom Busschedu-ling vorgegeben und nicht flexibel. Bei Reglern, die empfangene Daten verarbeiten und dann Daten aussenden, stellt dies ein geringeres Problem dar als bei Sensoren, die eine Task eine bestimmte Zeit *vor* dem Sendezeitpunkt der entsprechenden Botschaft aktivieren müssen. Hier ist zur Totzeitreduzierung nur eine verzögerte Aktivierung durch den jeweils vorhergehenden Sendeinterrupt möglich. Dieses Verfahren stützt sich jedoch wieder auf die Systemuhr und birgt damit die im vorangehenden Ab-schnitt geschilderten Probleme.

Eine weitere Schwierigkeit in sicherheitskritischen Systemen stellt die Tatsache dar, dass der Ausfall einer Botschaft und damit ihres Interrupts von der eigentlich zu aktivierenden Task nicht erkannt werden kann. Eine Fehlerbehandlung kann dann nur mit zusätzlichen Überwachungssystemen realisiert werden.

4 Neue Realisierung der Ankopplung

Aus den in den vorangehenden Abschnitten geschilderten Nachteilen der herkömmli-chen Ankopplungsverfahren wird deutlich, dass ein erhebliches Verbesserungspoten-tial besteht. In dieser Arbeit wurde ein als *TMI-Scheduler* (benannt nach dem verwen-deten Interrupt) bezeichnetes System entwickelt, das dieses Potential weitgehend ausschöpft. Das vorgestellte System ist zwar mit RTOS-UH und dem TTCAN-Bus realisiert, kann aber ohne weiteres auf andere ereignisgesteuerte Betriebssysteme und zeitgesteuerteBusse übertragen werden, sofern der Buscontroller einen programmier-baren Timerinterrupt mit Bezug zur Buszeit erzeugen kann.

Der TMI-Scheduler aktiviert die Tasks direkt zu den vorgesehenen Zeitpunkten mit dem Interrupt TMI, indem das Register TMR jeweils auf den nächsten Zeitpunkt einer Aktivierung eingestellt und die zugehörige Task auf den Interrupt eingeplant wird. Es ist weder die Betriebssystemuhr beteiligt, wodurch deren Auflösung irrelevant und ihre Synchronisation überflüssig wird, noch ist die Aktivierung auf die Zeitpunkte von Botschaftsübertragungen beschränkt.

Als Bezugszeit für den Vergleich mit dem TMR wird die Zykluszeit verwendet. Sie beginnt in jedem Basiszyklus mit null und kann daher nicht zur eindeutigen Fest-legung eines Zeitpunktes in einem Matrixzyklus genutzt werden. Die lokale Zeit hin-gegen kann zwar eindeutig sein, sofern der Matrixzyklus nicht so lang ist, dass ein Zählerüberlauf stattfindet, aber dafür ist im allgemeinen kein fester zeitlicher Bezug zum Matrixzyklus gegeben.

Der TMI-Scheduler besteht aus vier Komponenten (siehe Abb. 2), die in den fol-genden Abschnitten genauer beschrieben werden.

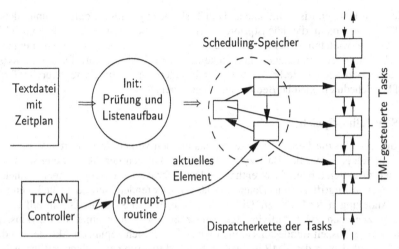

Abb. 2. Softwarestruktur des TMI-Schedulers (ohne Synchronisationsroutine)

4.1 Initialisierung

Bei der Initialisierung des TMI-Schedulers werden in der Hardware nur die TMR-Vergleichszeitbasis deaktiviert und der Interrupteingang der CPU für den TMI freigegeben, der vom Masterinterrupt des TTCAN-Chips getrennt ist.

Während der Software-Initialisierung wird zuerst die Textdatei eingelesen, in der alle vorgesehenen Taskaktivierungen mit Basiszyklusnummer, Zykluszeit und Tasknamen zeilenweise abgelegt sind; zusätzlich ist in dieser Datei die Gesamtanzahl der Basiszyklen eingetragen. Anschließend wird versucht, zu jeder Task die Task-ID (TID) zu bestimmen, die letztlich die Speicheradresse der Task ist. Damit wird zum einen ermittelt, ob alle eingeplanten Tasks im System vorhanden sind, zum anderen ermöglicht die Speicherung der TID eine schnelle Aktivierung; die Suche über den Tasknamen ist zur Laufzeit nicht mehr notwendig.

Wurden alle Tasks gefunden, so wird der Speicherbedarf des Scheduling-Speichers (siehe Abschnitt 4.2) ermittelt, der Speicher alloziert und mit den Daten der Schedulingdatei gefüllt. Daraufhin werden die Tasks nach ihrer Priorität sortiert zu einem Block verkettet, der dann in den Dispatcherring des Betriebssystems eingekettet wird.

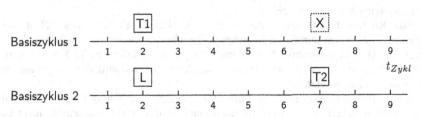

Abb. 3. Mehrdeutigkeit der Zykluszeit: Task 2 soll im Zyklus 2 zur Zeit 7 aktiv werden, würde aber als direkter Nachfolger von Task 1 schon im Zyklus 1 aktiv (X). Das Einfügen des Leerelementes L verhindert die Fehlaktivierung, da nun die Abstände T1-L und L-T2 nicht größer als ein Basiszyklus sind.

In dieser verketteten Liste sind alle aktiven Tasks des Systems aufgeführt, unter denen der Dispatcher dann die höchstpriore lauffähige Task ermittelt.da die vom TMI-Scheduler verwalteten Tasks als Block eingekettet werden, müssen sie einen eigenen Bereich von Prioritäten belegen, in dem keine andere Task existiert. Dies ist sinnvoll, weil dann bezüglich Unterbrechungen durch andere Tasks im System füralle Tasks des TMI-Schedulers gleiche Bedingungen herrschen.

4.2 Scheduling-Speicher

Der Speicher für die Schedulingdaten ist als einfach verkettete Liste realisiert, deren Elemente die Nummer des Basiszyklus und die Zykluszeit der Aktivierung sowie die TID der zu aktivierenden Task enthalten. Diese Struktur ermöglicht einen schnellen undeinfachen Zugriff auf die Daten und lässt im laufenden Betrieb einfache und sichere Änderungen der Daten zu. Dies ist insbesondere bei Systemtests sehr hilfreich.

Liegt zwischen zwei Aktivierungen mehr als die Dauer eines Basiszyklus, so nimmt die Zykluszeit mindestens einmal vor der eigentlich geplanten Aktivierung den entsprechenden Wert des TMR an, wodurch die Aktivierung zu früh ausgeführt würde (siehe Abb. ffig:leereelement). Daher wird in solchen Fällen ein Leerelement mit einer Zeitmarke wie die vorangehende Aktivierung in die Kette eingefügt, dessen TID null ist. Ein solches Element setzt nur das TMR neu, aktiviert aber keine Task.

Der Scheduling-Speicher kann in zwei Modi betrieben werden: Wird die Kette zum Ring geschlossen, läuft der Scheduler nach der Initialisierung eigenständig weiter, was einen sehr einfachen Betrieb erlaubt. Allerdings können nicht oder zusätzlich erkannte Interrupts (verursacht durch Störimpulse) eine Verschiebung der Kette gegenüber den vorgesehenen Zeitpunkten verursachen. Als Gegenmaßnahme muss der aktuelle Basiszyklus mit dem in der Kette vorgesehenen verglichen werden, um Fehler erkennen und eine Resynchronisation auslösen zu können.

Die andere Betriebsmöglichkeit ist eine offene Kette, die mit der letzten Aktivierung im Matrixzyklus aufhört. In diesem Fall muss der Scheduler mit jedem Matrixzyklus neu gestartet werden, was zusätzlichen Aufwand bedeutet, andererseits aber eine Resynchronisation nach spätestens einem Matrixzyklus ergibt.

4.3 Interruptroutine

Die Interruptroutine des TMI ist das eigentliche ausführende Organ zur Laufzeit des Schedulers. Sie führt alle erforderlichen Aktionen selbst durch; Funktionen des Betriebssystems werden nicht genutzt.

Die Routine besitzt einen Zeiger auf das aktuelle Element des Scheduling-Speichers. Wenn sie durch den Interrupt aufgerufen wird, trägt sie den Zeitpunkt der nächsten Aktivierung in das TMR ein und aktiviert dann, sofern die TID nicht null ist, die im aktuellen Element angegebene Task. Abschließend wird der Zeiger auf das nächste Element gesetzt.

Der in RTOS-UH vorgesehene Puffer für Taskaktivierungen, der bis zu drei Aktivierungen speichert, wenn die Task noch läuft, wird vom TMI-Scheduler nicht bedient. Unabhängig vom höheren Aufwand, der auf Interruptebene abgewickelt werden müsste, ist eine solche Pufferung nicht wünschenswert: Falls in einem zeitgesteuerten System eine Reglertask noch läuft, wenn sie aktiviert werden soll, liegt entweder ein grundlegender Fehler im Scheduling vor, oder es herrscht eine CPU-Überlastung. In jedem Fall ist eine mehrfache Aktivierung der Task nicht sinnvoll, da auf dem Bus nur ein Slot zur Übertragung der Ausgangsdaten zur Verfügung steht. Es ist jedoch möglich, im Fehlerfall eine spezielle Meldetask zu aktivieren, die den unerwünschten Zustand signalisiert.

4.4 Synchronisation

Beim ersten Anlauf des TMI-Schedulers sowie nach Störungen im Betrieb muss eine Synchronisation stattfinden, die dafür sorgt, dass das erste Element der Schedulerkette zuerst im Matrixzyklus bearbeitet wird. Zu diesem Zweck lässt sich der SSM-Interrupt nutzen, der zu Beginn des Matrixzyklus ausgelöst und von der TTCAN-Treibersoftware bearbeitet wird.

Zur Synchronisation wird der TMI-Scheduler initialisiert, wobei der Elementzeiger der TMI-Routine auf das erste Element der Kette gesetzt und in das TMR der erste Aktivierungszeitpunkt eingetragen wird. Es wird jedoch noch keine Zeitbasis als Vergleichswert eingetragen, weshalb zunächst kein TMI ausgelöst wird. Zudem wird an einen speziellen Link des TTCAN-Treibers, der entsprechend erweitert wurde, die Synchronisationsroutine angeschlossen und der SSM-Interrupt freigegeben. Beginnt nun der Matrixzyklus von vorne, wird der Interrupt ausgelöst. Die angeschlossene Routine gibt daraufhin die Zeitbasis für das TMR frei und entfernt ihren Link aus dem Treiber. Der TMI wird nun ausgelöst, sobald der erste Aktivierungszeitpunkt erreicht ist.

Bedingt durch die Synchronisation kann keine Aktivierung vor dem SSM-Interrupt realisiert werden, der wegen protokollspezifischer Vorgänge erst 56 Bitzeiten des Busses nach Zyklusbeginn auftritt; hinzu kommt die Latenzzeit für die TMI-Freigabe durch die Synchronisationsroutine. In diesem Zusammenhang erscheint die Einbindung der Synchronisationsroutine durch einen Prozedurlink im Treiber zunächst als unnötige Zeitverschwendung. Die Lösung besitzt jedoch den Vorteil, dass der Treiber nur einmal modifiziertwerden muss; Änderungen im Synchronisationsverfahren bleiben auf die Schedulersoftware beschränkt.

5 Ergebnisse

Abgesehen von programmiertechnischen Aspekten haben Schedulingverfahren in rechnergestützten Regelkreisen grundsätzlich Auswirkungen auf die zwei Bereiche System- bzw. CPU-Belastung und erreichbare Regelgüte. Die vom Scheduler verursachte CPU-Belastung sollte möglichst gering sein, wobei nicht nur die mittlere Last zählt, sondern auch der Maximalwert sowie die Schwankungsbreite der zusätzlichen Reaktionszeit. Die Güte der Regelkreise wird allerdings hauptsächlich durch die erreichbare Totzeit bestimmt; Jitter in den Abtastzeitpunkten hat in der Regel geringere Effekte.

Zur Erprobung des TMI-Schedulers wurde er unter RTOS-UH auf Systemen mit Mikrocontrollern des Typs MPC 555 von Motorola implementiert; es handelt sich dabei um einen 32 Bit-RISC-Prozessor mit 40 MHz.

5.1 Auswirkungen auf die Aktivierungszeit, Effizienz

Zur Ermittlung der Auswirkungen auf die Systemauslastung wurden Testtasks auf einen Netzwerkknoten geladen, die einige Digitalausgänge des Controllers so ansteuerten, dass Zeitmessungen mit einem Logikanalysator möglich waren. Zusätzlich wurden in dieInterruptroutine des TMI Befehle eingebracht, die eine Laufzeitmessung ermöglichten.

Die TMI-Routine wird nach einer Latenzzeit von 7 μs aktiv und besitzt eine Laufzeit von 4,6 μs, wenn eine Task aktiviert wird, sonst 4,3 μs. Diese Werte decken sich mit den Erwartungen für die verwendeten Befehlsfolgen und sind für eine Interruptroutine vollkommen akzeptabel. Somit erzeugt der TMI-Scheduler, selbst wenn bei einem Buszyklus von 10 ms wie im Testsystem 20 Tasks aktiviert werden, einschließlich der Latenzzeit nur eine CPU-Last von 2,3 %.

Tabelle 1. Aktivierungszeiten für verschiedene Bedingungen

TMI-Aktivierung	33 μs
Event-Aktivierung	40 μs
Aktivierung über Pearl90	189 μs

In Tabelle 1 sind Messwerte für die Taskaktivierungszeit angegeben. Man erkennt, dass die direkte Aktivierung aus der Interruptroutine heraus gegenüber der Verwendung des RTOS-UH-eigenen Eventmechanismus einen Zeitgewinn von 7 μs bringt. Ein Vergleich mit einer zeitgesteuerten Aktivierung war bislang nicht möglich, da der Systemtimer nicht von außen zugänglich ist. Es ist aber eine Aktivierungszeit zu erwarten, die zumindest nicht kleiner als die der Eventsteuerung ist; der TMI-Scheduler behält seine Vorteile.

Ein Anwendungsfall für die Aktivierung über Pearl90 ist die Emulation von Schedulingverfahren in Hochsprache, um Assemblerroutinen zu vermeiden. Zwar ist die Programmierung wesentlich einfacher und übersichtlicher, aber die um Faktor sechs höhere Aktivierungszeit (bedingt durch die Tasksuche über den Namen) zeigt die Grenzen des Verfahrens. Im obigen Beispiel mit 20 Aktivierungen wäre die CPU in jedem Zyklus 13,8 % der Zeit nur mit Aktivierungen befasst. Daher ist die technisch schwierigere Lösung der Assembler-Realisierung gerechtfertigt.

Die Messungen haben insgesamt gezeigt, dass nur sehr geringe Schwankungen (< 2 μs) der Aktivierungszeit auftreten. Derartige Werte für erzeugten Jitter kann man für Abtastzyklen, die für das verwendete System realistisch sind, vernachlässigen. Auch die Laufzeit des Schedulers selbst, die eine Verdrängung von Tasks bedeuten kann, spielt für die Regelgüte keine Rolle.

5.2 Auswirkungen auf den Regelkreis

Zur Ermittlung der Auswirkungen auf die Regelgüte wurde eine verteilte Regelung mit drei identischen elektronischen Regelstrecken verwendet, die das Verhalten inverser Pendel nachbilden. Sensor und Aktor für jede Strecke sind in je einem Mikrocontrollersystem zusammengefasst, die Regelung aller Strecken erfolgt durch ein viertes System. Die Abtast- und Buszykluszeit beträgt 10 ms.

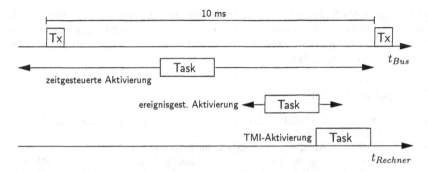

Abb. 4. Aktivierung der Sensortask mit drei Verfahren. Die Pfeile geben an, in welchem Zeitintervall bezüglich des Busses die Taskausführung (mit unveränderter Laufzeit) bei den jeweiligen Verfahren wandert; beim TMI-Scheduler tritt kein Jitter auf.

Da das Scheduling der Reglertasks keine besonderen Probleme aufwirft (es ist eine direkte Aktivierung durch die Sensorbotschaften möglich), wurde der TMI-Scheduler eingesetzt, um die Aktivierung der Abtasttask im Sensor zu verbessern, die unmittelbar vor dem Versenden der Botschaft eintreten muss.

Es zeigte sich, dass das Verfahren der rein zeitgesteuerten Aktivierung durch die Systemuhr vollkommen untauglich war, da bei der auftretenden Totzeit von bis zu einem Abtastzyklus der Regelkreis bereits instabil wurde. Mit der Methode der verzögerten Aktivierung durch einen Botschaftsinterrupt ergab sich eine variable Totzeit zwischen 3,1 und 4 ms. Diese konnte durch den Einsatz des TMI-Schedulers auf konstant 2 ms reduziert werden, wodurch sich eine signifikante Verbesserung des Regelverhaltens ergab.

6 Zusammenfassung und Ausblick

Dieser Beitrag stellt mit dem TMI-Scheduler eine effiziente Möglichkeit der Ankopplung eines zeitgesteuerten Busses an ein ereignisgesteuertes Betriebssystem vor. Der Scheduler vereint die Planungsflexibilität der zeitgesteuerten Taskaktivierung mit der geringen CPU-Belastung interruptgesteuerter Verfahren. Durch die höhere Auflösung der Zeiteinplanung konnte die erzielbare Totzeit im Regelkreis deutlich gesenkt und auf einen nahezu konstanten Wert gebracht werden, woraus sich eine höhere und gleichbleibende Regelgüte ergab.

Der TMI-Scheduler kann einfach in bestehende Systeme integriert werden. Da keine Eingriffe in das Betriebssystem erforderlich sind, muss zur Aktivierung oder Deaktivierung des Schedulers kein Neustart ausgeführt werden.

Gegenüber zeitgesteuerten Betriebssystemen hat der Ansatz den Vorteil, dass die Reaktionsfähigkeit eines ereignisgesteuerten Betriebssystems vollkommen erhalten werden kann, indem man asynchrone Tasks mit sehr hohen Zeitanforderungen mit höheren Prioritäten als die des TMI-Schedulers ausstattet.

Als weitere Arbeiten sind der Ausbau des Schedulers zu einer permanenten Systemerweiterung und die Ergänzung um eine Fehlerbehandlung für die Interruptroutine geplant. Im Zuge dieser Arbeiten soll auch der genaue Einfluss des Schedulers auf die

Reaktionszeit des Betriebssystems mit einer Korrelationsmessung [3] bestimmt werden, um die bisherige Schätzung abzusichern. Ferner soll die bislang manuelle Erzeugung der Schedulingdatei automatisiert werden, um den Gesamtentwurf verteilter Regelungen zu vereinfachen.

Literaturverzeichnis

1. Gerth, W.: Handbuch RTOS-UH Version 5.3 . Institut für Regelungstechnik, Universität Hannover, Internet: http://www.rtos.irt.uni-hannover.de/, 2004
2. Hartwich, F.: TTCAN IP Module User's Manual, Version 1.6 , 2002
3. Wolter, B.: Messung der Dienstgüte von Echtzeitbetriebssystemen durch Walsh-Korrelation, Institut für Regelungstechnik, Universität Hannover, Fortschrittberichte VDI, Reihe 8, Nr. 964, VDI, Düsseldorf, Dissertation, 2002

Aktive Performance-Messungen in Wireless Netzwerken auf der Basis des IPPM-Frameworks

Roland Karch, Ralf Kleineisel, Birgit König, Stephan Kraft, Jochen Reinwand, Verena Venus

Verein zur Förderung eines Deutschen Forschungsnetzes, Berlin
Regionales Rechenzentrum, Friedrich-Alexander Universität Erlangen-Nürnberg

Zusammenfassung. Vielfach ergänzen und verdrängen heute funkbasierte Techniken kabelgebundene Kommunikations- und Steuerungslösungen. *Bluetooth* ersetzt die Kabelverbindungen zwischen kleinen Geräten, *UMTS* ermöglicht den schnellen kabelfreien Zugang zum Internet und *Wireless LAN* tritt an, die komplexe Ethernet-Verkabelung zu vereinfachen.

Auch wenn vieles angenehmer wird, z.B. der Computer im heimischen Haushalt seine Videos per Funk an den Fernsehapparat nebenan überträgt, stellt sich für Forschung und Wissenschaft dennoch die Frage, inwieweit die neuen Funktechniken performant und zuverlässig genug sind, um auch hohen qualitativen Ansprüchen zu genügen.

Aus diesem Grund soll die Leistung des *Wireless LAN* genau untersucht und mit den Messmethoden des IPPM-Standards korreliert werden. Dazu wird mit Hilfe von Wireless-Funkkarten eine Verbindung zwischen zwei Rechnern aufgebaut, zwischen denen Messungen durchgeführt werden.

1 Einleitung

Wireless Ethernet (*Wireless LAN/WLAN*) Netzwerkkarten bieten momentan nominelle Datenraten, welche selbst die von Fast Ethernet spezifizierten überschreiten. Damit werden sie für hochbreitbandige zeitkritische Anwendungen interessant. Um die Eignung von WLAN für derartige Anwendungen zu überprüfen, ist es hilfreich, Messungen der Performance-Kennzahlen des Netzwerkes durchzuführen. Für kabelgebunde Netze wurden von der IPPM-Working Group der IETF bereits generische Metriken [1], [2], [3] definiert. Diese werden von der IPPM-Implementierung des G-WiN Labors [4] bereits erfolgreich in Backbone-Netzen gemessen.

Die Wireless-Technologie besitzt jedoch eine vielfach höhere Komplexität und macht Performance-Messungen deutlich anspruchsvoller. Ein Netzaufbau, dessen Struktur in keinster Weise modifiziert wird, weist dennoch teils enorme Schwankungen auf, die auf nicht sichtbare und schwer zu beeinflussende Umweltfaktoren zurückzuführen sind. Dem gegenüber stehen jedoch auch eine Reihe physikalischer Größen, die Einfluss auf die Performance-Kennzahlen nehmen und gemessen werden können. Es existieren messbare Größen wie Feldstärke, Signalqualität und Hintergrundrauschen. Diese werden beispielsweise unter dem Betriebssystem Linux über die Wireless Kernel Extensions den Anwendungen zur Verfügung gestellt.

Das aktive Messen mittels in das Netz injizierter Testpakete ist vor allem in Wireless-Netzen deutlich einfacher, als das passive Messen mittels Packet Capturing an einem Drittgerät, da in letzterem Fall nicht sichergestellt werden kann, dass der beobachtete Verkehr am Testsystem auch wirklich so zwischen zwei Endgeräten aufgetreten ist. Bei entsprechend guter Uhrensynchronisation der Endgeräte ist eine signifikante Korrelation der aktiven Messungen direkt an den Endpunkten möglich. Das Hauptaugenmerk soll auf der Korrelation der verschiedenen Kenngrößen liegen. Es wird versucht, ein Werkzeug zur Beantwortung von folgender Fragestellung zu liefern: Welchen Einfluss haben die von den *Linux Wireless Kernel Extensions* zur Verfügung gestellten Metriken auf die IPPM-Metriken?

2 Messmethodik

Im Gegensatz zu bestehenden IPPM Testaufbauten gibt es mehrere Datenquellen zur Analyse der relevanten Daten. Zusätzlich zu den Informationen, welche die Messpakete selbst mit sich tragen, liefert das Betriebssystem die maßgeblichen Kennzahlen über die Empfangsqualität der Netzwerkkarte (Diagnosedaten), welche durchaus auch ohne sichtbaren äußeren Einfluss deutlich schwanken kann.

2.1 Möglichkeiten der Diagnosedatengewinnung

Um die benötigten Kennzahlen zu extrahieren, gibt es prinzipiell zwei Möglichkeiten. Zum einen kann das Messprogramm selbst beim Senden und Empfangen diese Daten zusätzlich mit abrufen und somit einen engen zeitlichen Zusammenhang mit den herkömmlichen Messwerten herstellen. Da jedoch das Abrufen dieser Daten eine nicht zu unterschätzende Komplexität hat und die Messungen zeitkritisch sind, stellt diese Art der Diagnosedatengewinnung ein ernsthaftes Problem für die konventionellen Messungen dar. Dies wird durch ein alternatives Verfahren umgangen.

Hierbei werden die WLAN-Kennzahlen über einen separaten, nicht hochprioren Prozess in regelmäßigen und einstellbaren Zeitintervallen abgerufen. Dabei muss man berücksichtigen, dass neben den Abständen der Messpakete untereinander der zusätzliche Parameter des WLAN-Diagnosedatenabruf"|intervalls entsteht. Diese zusätzliche Dimension ist so zu wählen, dass auch kurzfristige Änderungen der Kenngrößen zeitnah erfasst werden. Die Last am Netzwerkkartentreiber darf trotzdem nicht zu groß werden.

2.2 Qualität der Diagnosedaten

Ein kritischer Punkt ist die Zuverlässigkeit der Diagnosedaten. Diese werden über die Schnittstelle der Wireless Kernel Extensions dem Betriebssystem mitgeteilt. Die Genauigkeit dieser Daten ist ebenso zu hinterfragen wie ihre Aussagekraft.

Allgemein mangelt es an Informationen über die Hardware-Architektur seitens der Hersteller. Der Quellcode der Treiber ist ebenfalls nicht verfügbar. Unter Linux muss deswegen meist (wie auch bei den für die Messungen des G-WiN Labors verwendeten Karten, siehe Kapitel 3) ein im Binärformat vorliegendes Modul geladen werden.

Dies macht es schwer nachzuvollziehen, welche Diagnosedaten der Hardware in welcher Form dem Benutzer vom System zur Verfügung gestellt werden. Unter Linux exportieren die WLAN-Treiber drei Werte: *Link Quality* (aktuell/maximal), *Signal Level* und *Noise Level*. Während die letzten beiden Werte ungenau spezifiziert sind, ist die Link Quality praktisch beliebig von den Treibern setzbar. Ohne genauere Informationen sollten diese Werte deshalb nicht vorschnell interpretiert werden. Allerdings sind diese Informationen oft durch eine Betrachtung des in Teilen doch vorhandenen Quellcodes und die Spezifikationen des Herstellers zu bekommen. Für eine ausführliche Abhandlung zu wichtigen Eckdaten der WLAN-Analyse sei hier auf [5] und [6] verwiesen. Diese Dokumente dienten auch für die in diesem Dokument beschriebenen Untersuchungen als Grundlage für einige Überlegungen und Ansätze.

2.3 Received Signal Strength Indicator (RSSI)

Eine der entscheidenden Informationen, die eine WLAN-Hardware zu Diagnosezwecken liefern kann, ist der *Received Signal Strength Indicator (RSSI)*. Er wird Hardware-intern benutzt, um folgende Entscheidungen zu treffen:

- Sendet eine andere Station? (Collision Avoidance/Clear Channel Threshold)
- Welche Antenne ist die Beste? (Antenna Diversity)
- Welcher Access Point ist am günstigsten? (WDS/Roaming Threshold)

Der RSSI ist in der Regel nicht mit einem konkreten physikalischen Wert (z.B. der Empfangsleistung auf Basis einer mW-Skala) verbunden. Statt dessen ist der Wert ganzzahlig und kann Werte in einem Bereich von 0 bis zu einem speziellen Wert *(RSSI_Max)* annehmen. *RSSI_Max* legt somit die Genauigkeit des angegebenen RSSI fest. *RSSI_Max* ist herstellerabhängig und damit relativ zu interpretieren. Allgemein wird im WLAN-Standard (802.11) weder verlangt, dass der Wert auf eine bestimmte Weise ermittelt/gemessen wird, noch dass der Wert irgendeine bestimmte Genauigkeit liefert. WLAN-Adapter mit Chips unterschiedlicher Hersteller können deshalb auch nicht miteinander verglichen werden.

Trotzdem stellt der RSSI eine brauchbare Hilfe bei der Bestimmung der Qualität einer WLAN-Verbindung dar, solange man die oben genannten Punkte bei der Analyse und Auswertung berücksichtigt. Die Untersuchungen des G-WiN Labors sollen nicht zuletzt zeigen, ob diese Aussage zutrifft.

3 Messaufbau

Die verwendete Hardware besteht aus zwei identischen Intel Rechnern, die je über eine NetGear WG311T Wireless PCI-Karte ([7], Abb. 1) verfügen (108 MBit/s, 802.11g konform). Die Karten benutzen einen Chip der Firma Atheros [8]. Die Kommunikation läuft im *ad-hoc* Verfahren zwischen den Karten.

Als Betriebssystem wird ein Fedora Core 3 Linux eingesetzt. Die Maschinen sind untereinander über ein gekreuztes Netzwerkkabel per Ethernet verbunden und synchronisieren sich auf diese Weise per NTP (Network Time Protocol). Die NetGear Karten werden mit dem *madwifi* Treiber [9] betrieben.

Während der eine Teil des Treibers (der so genannte *HAL*) nur im Binärcode vorliegt, ist der Teil des Treibers, der die Einbindung in den Linux-Kernel vornimmt, im Quellcode verfügbar. Dies ermöglicht zumindest einen Einblick in die Bereiche des Codes, die die oben erwähnten Diagnosedaten über die Wireless Kernel Extensions bereitstellen.

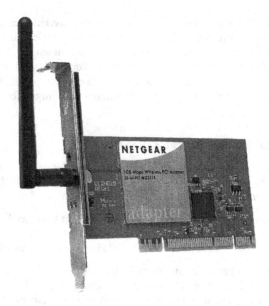

Abb. 1. NetGear WG311T Wireless PCI-Karte

Es wird sofort ersichtlich, dass auch die Treiberprogrammierer mit den ungenauen Vorgaben der Wireless Kernel Extensions Probleme haben. So ist zum Beispiel die eigentlich auf der Basis vieler Performance-Werte zu bestimmende Link Quality ein direkt von der Hardware ermittelter Wert. Andererseits kommt dem Messaufbau jedoch entgegen, dass dieser Wert der oben erwähnte RSSI ist (siehe Kapitel 2.3). Zusätzlich lässt sich dieser (laut Hersteller) mit einer einfachen Formel in die wirkliche Empfangsstärke umrechnen:

```
Empfangsstärke (in dB-Milliwatt) = RSSI - 95
```

Im Folgenden wird deshalb der RSSI direkt als Indikator für die Empfangsstärke benutzt. Auf den Messrechnern laufen als einzige Prozesse die IPPM Software und ein Perl-Script zur Auswertung der von den WLAN-Karten gelieferten Daten. Dies soll dafür sorgen, dass möglichst keine anderen Faktoren auf den Messrechnern die Messungen beeinflussen.

4 Messungen

Ziel der Messungen war es, die IPPM Kennzahlen mit den Wireless Performance Messungen zu korrelieren. Dies stellte sich jedoch als nahezu unmöglich bzw. die Ergebnisse als unbrauchbar heraus. Normale Schwankungen des RSSI hatten praktisch keinen relevanten Einfluss auf die IPPM-Messdaten. Selbst bei sehr geringen RSSI-Werten unterschied sich der *One-Way-Delay* kaum von dem bei sehr guter Performance mit hohen RSSI-Werten. Probleme treten erst auf, wenn die Verbindung für kurze Zeit vollständig unterbrochen ist. Hier kommt es jedoch eher zu Paketverlusten, als zu Änderungen des One-Way-Delays. Die Pakete werden nicht langsamer, sie werden entweder empfangen oder nicht empfangen.

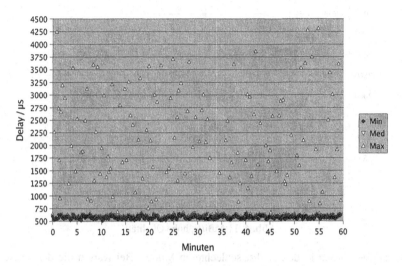

Abb. 2. 11 MBit/s, hohe Qualität (Rohe Daten)

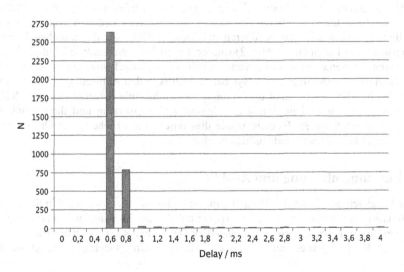

Abb. 3. 11 MBit/s, niedrige Qualität

Gleiches gilt offensichtlich für die Datenrate. Entweder man erhält die komplette Bandbreite oder gar keine Verbindung. Die Ausnahme besteht hier darin, dass die WLAN-Standards verschiedene Modi mit verschiedenen Bitraten implementieren. Die geringeren Bitraten werden dabei mit Verfahren erzielt, die weniger Übertragungsleistung benötigen. Wird eine Verbindung schlechter (durchaus erkennbar am RSSI), dann

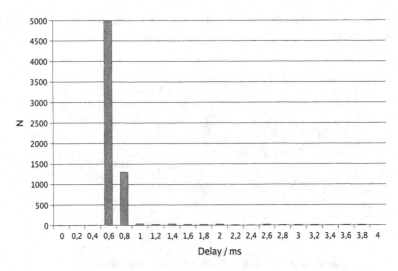

Abb. 4. 11 MBit/s, hohe Qualität

schalten die Karten in den nächst schlechteren Modus. Bei Karten die den Standard 802.11b unterstützen sind die zulässigen Bandbreiten z.B. 14, 2, 5,5 und 11 Mbit/s.

Um möglichst aussagekräftige Daten zu erhalten, wurden unterschiedliche Szenarien aufgebaut. Dabei wurde die Empfangsqualität bei verschiedenen Sendeleistungen variiert. Es ergab sich jedoch überall das gleiche Bild. Aus der üblichen Darstellungsweise der Daten (siehe Abb. 2) wurden zur einfacheren Analyse Häufigkeitsverteilungen der gemessenen Delaywerte erstellt. Exemplarisch sind die Ergebnisse für die Häufigkeitsverteilung der Delays bei 11 MBit/s in den Abbildungen 3 und 4 dargestellt. In Abb. 3 war dabei die Verbindung durchgängig schlecht, also der RSSI-Wert niedrig, während in Abb. 4 die Qualität der Verbindung und damit auch der RSSI-Wert hoch waren. Erreicht wurde dies durch eine Erhöhung der Distanz zwischen den Messrechnern und zusätzliche Hindernisse.

5 Zusammenfassung und Ausblick

Der Vergleich der Daten des IPPM Frameworks mit den gemessenen Wireless Diagnosedaten zeigt einige interessante Aspekte auf. Da die Messungen keinerlei signifikanten Zusammenhänge zwischen One-Way-Delay und RSSI erkennen lassen, stellt sich die Frage, ob dies mit einer noch genaueren Untersuchung bestätigt werden könnte.

Um noch genauere Ergebnisse zu erzielen und darüber hinaus weitere Erkenntnisse zu gewinnen, ist es nötig, die Diagnosemöglichkeiten auf der Hardware-Ebene zu erweitern und passende Treiber dafür zu entwickeln. Die WLAN-Karten liefern in der Regel nur grobe Schätzwerte. Die Empfangsleistung, also der RSSI, wird in der Regel auf Basis einer gewissen Anzahl von zuletzt empfangenen Paketen ermittelt. Dies sollte sich dahingehend anpassen lassen, dass sich exakt der Wert bestimmen lässt, der mit einem konkreten gesendeten Messpaket korreliert. Diese exakten Daten könnten gemeinsam zu einer verbesserten Aussage über die Link-Qualität genutzt werden. Unter diesem Aspekt wäre eventuell eine Korrelation mit den IPPM-Messdaten möglich. Mit entsprechend spezialisierten Werkzeugen und spezieller externer Hardware lassen sich die hier vorliegenden Ergebnisse ebenfalls genauer verifizieren. So könnte beispielsweise das tatsächlich vorhandene Hintergrundrauschen mit Hilfe hoch sensitiver Messtechnik genau bestimmt werden, da die meisten WLAN-Karten nur einen Schätzwert liefern.

Die Beschränkung auf zwei Messrechner, die sich gegenseitig Messpakete senden, ist natürlich ebenfalls zu überdenken. Um ein realistischeres Bild zu bekommen wäre es sinnvoll, sowohl das Netz mit unbeteiligten Stationen stärker zu belasten, als auch weitere Messstationen am Durchführen der Messungen zu beteiligen.

Dass derartige Überlegungen auch anderweitig praktischen Nutzen haben können, beweisen die Bemühungen im Bereich der Positionsbestimmung mit Hilfe von WLAN, präzisen Zeitstempeln und GPS (Global Positioning System). Diese Forschungen werden sowohl von universitären Forschungseinrichtungen [10] als auch von Firmen [11] intensiv betrieben.

Literaturverzeichnis

1. G. Almes, S. Kalidindi, M. Zekauskas: A One-way Delay Metric for IPPM, IETF, http://www.ietf.org/rfc/rfc2679.txt
2. C. Demichelis, P. Chimento: IP Packet Delay Variation Metric for IP Performance Metrics (IPPM), IETF, http://www.ietf.org/rfc/rfc3393.txt
3. G. Almes, S. Kalidindi, M. Zekauskas: A One-way Packet Loss Metric for IPPM, IETF, http://www.ietf.org/rfc/rfc2680.txt
4. R. Kleineisel, I. Heller, S. Naegele-Jackson: Messung von Echtzeitverhalten im G-WiN, Pearl 2003, P. Holleczek, B. Vogel-Heuser (Hrsg.), Springer.
5. J. Bardwell: You Believe You Understand What You Think I Said...., http://www.connect802.com/download/techpubs/2004/you_believe_D100201.pdf
6. J. Bardwell: Converting Signal Strength Percentage to dBm Values, http://www.wildpackets.com/elements/whitepapers/Converting_Signal_Strength.pdf
7. Netgear Produktinformation WG311T, http://www.netgear.de/Produkte/Wireless/802_11g/WG311T/
8. Atheros Communications Homepage, http://www.atheros.com/
9. Madwifi Projekt Website, http://madwifi.sourceforge.net/
10. André Günther, Christian Hoene: Measuring Round Trip Times to Determine the Distance between WLAN Nodes, http://www.tkn.tu-berlin.de/publications/papers/tkn_04_16_paper3.pdf
11. Intel Research, Ubiquitous Computing - Precision Location, http://www.intel.com/research/precision_location.htm